系列教材

网络推广
实务

微课版

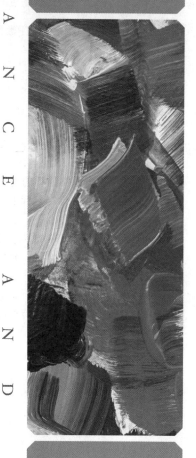

何毓颖 李圆圆
主编

张苑秋 沈策
副主编

高瑜
主审

I N A N C E A N D T R A D E

人民邮电出版社
北京

图书在版编目（CIP）数据

网络推广实务：微课版 / 何毓颖，李圆圆主编. --
北京：人民邮电出版社，2022.12
中等职业教育改革创新系列教材
ISBN 978-7-115-59519-5

Ⅰ. ①网… Ⅱ. ①何… ②李… Ⅲ. ①网络营销—中
等专业学校—教材 Ⅳ. ①F713.365.2

中国版本图书馆CIP数据核字(2022)第108727号

内 容 提 要

本书根据网络推广的岗位要求和职业素养要求，全面介绍了网络推广的相关知识，包括认识网络
推广、分析网络推广目标市场、使用平台推广工具、熟悉传统网络推广方法、开展新媒体营销、实施
社群营销等。

本书采用项目任务式结构进行讲解，知识全面、结构清晰、实用性强，在讲解基础知识的同时注
重实际操作能力的培养，充分满足中等职业教育教学需求；本书配有视频二维码，以进一步帮助读者
理解相关操作。

本书可以作为中等职业学校电子商务、网络营销及其他财经商贸专业的网络推广课程的教材，也
可以作为从事网络营销与推广相关工作人员的参考书。

◆ 主　编　何毓颖　李圆圆
　　副主编　张苑秋　沈　策
　　主　审　高　瑜
　　责任编辑　白　雨
　　责任印制　王　郁　彭志环
◆ 人民邮电出版社出版发行　　北京市丰台区成寿寺路 11 号
　　邮编　100164　电子邮件　315@ptpress.com.cn
　　网址　https://www.ptpress.com.cn
　　山东华立印务有限公司印刷
◆ 开本：787×1092　1/16
　　印张：13.25　　　　　　　　2022 年 12 月第 1 版
　　字数：231 千字　　　　　　2024 年 12 月山东第 4 次印刷

定价：39.80 元

读者服务热线：(010)81055256　印装质量热线：(010)81055316
反盗版热线：(010)81055315
广告经营许可证：京东市监广登字 20170147 号

FOREWORD

////////////////////// 前 言 //////////////////////

职业教育是国民教育体系和人力资源开发的重要组成部分，肩负着培养多样化人才、传承技术技能、促进就业创业的重要职责。随着经济的发展，国家对技能型人才的需求越来越大，推动着中等职业教育（以下简称中职教育）一步步改革。

2021年3月，教育部办公厅发布的《教育部办公厅关于做好2021年中等职业学校招生工作的通知》中明确指出，坚持把发展中职教育作为普及高中阶段教育和建设中国特色现代职业教育体系的重要基础。本书立足中职教育教学需求，结合岗位技能要求，采用项目任务式结构，以实操的方式介绍了网络推广的相关理论知识和操作技能。本书具有以下特点。

1. 采用项目任务式结构

本书采用项目任务式结构，符合中职教育对中职技能型人才的培养要求和国家对教材改革的要求，体现如下。

- **流程清晰。**本书以企业开展网络推广为例，一步步讲解网络推广的具体方法，流程清晰，能够帮助读者了解网络推广的完整工作内容，给予读者职业工作内容上的指导。

- **任务明确。**每个项目开始都通过"职场情境"给出了具体的任务要求，并对任务进行分解，每个任务通过"任务描述"明确为什么要完成该任务，再通过"任务实施"中的各项活动完成任务。

- **步骤连贯。**本书内容清晰、步骤连贯，且配有图片和说明性图注，可以帮助读者清楚地了解任务完成过程中的每个步骤，并根据步骤完成任务。

- **注重实操。**本书将重点放在实际操作上，以引导读者按操作步骤进行实操。同时，书中还设置了"拓展任务""动手做"板块，增强读者的动手能力。

- **价值教育。**本书全面贯彻党的二十大精神，将二十大精神与实际工作结合起来立足岗位需求，以社会主义核心价值观为引领，传承中华优秀传统文化，注重立德树人，培养读者自信自强、守正创新、踔厉奋发、勇毅前行的精神，强化读者的社会责任意识和奉献意识，从而全面提高人才自主培养质量，着力造就拔尖创新人才。

2. 情境带入，内容生动有趣

本书以职场工作中的实际场景展开，以新员工刚进入公司实习的情境引入各项目教学主题，让读者了解相关知识在实际工作中的应用情况。书中设置的情境及人物具体如下。

公司：北京特讯商务运营有限公司成立于2021年，是一家以商务咨询、网店代运营、网络推广等业务为主的运营公司，能够为中小企业提供一站式的信息咨询与运营管理服务。该公司根据服务业务的不同，划分出了市场部、企划部、营销部、运营部等部门。

人物：小艾——营销部实习生；李洪亮——营销部经理，人称"李经理"，是小艾的直属上司及职场引路人。

3. 板块丰富，融入素养教育

本书在板块设计上注重培养读者的思考能力和动手能力，努力做到"学思用贯通"与"知信行统一"相融合，文中穿插的板块如下。

- 知识窗。重点讲解理论知识，丰富读者所学内容。
- 经验之谈。对书中知识进行说明、补充和拓展，能够拓展读者的知识面。
- 素养提升小课堂。包含前沿知识、文化传承、职业道德等内容，与素质目标相呼应，以加强对网络推广人才素养的培养。
- 动手做。巩固读者所学知识，锻炼读者的自主学习能力和解答问题能力。

4. 配套资源丰富，资源同步

本书配备了PPT课件、课程标准、电子教案、模拟题库等丰富的教学资源，用书教师可以登录人邮教育社区网站（www.ryjiaoyu.com）免费下载使用。

本书还配有二维码，二维码内容既有对书中知识点的说明、补充和扩展，又有相关操作的微课视频。读者可直接通过扫描二维码的形式查看相关知识和观看微课视频。

本书为校企双元合作开发，由四川省成都市财贸职业高级中学校何毓颖、李圆圆担任主编；四川省成都市财贸职业高级中学校张苑秋和成都市电子商务协会副秘书长、成都啄数鸟数据服务有限公司总经理沈策担任副主编；成都市教育科学研究院职成国高研究所所长高瑜博士担任教材的主审。具体编写分工如下：项目一由何毓颖、李莉编写；项目二由周秀娟编写；项目三由张苑秋编写；项目四由李圆圆编写；项目五由陈书英编写；项目六由张慧灵编写。

由于编者水平有限，书中难免存在疏漏和不足之处，敬请广大读者批评指正。

编　者
2023年6月

CONTENTS 目 录

项目一
认识网络推广

职场情境

　　小艾是某中等职业学校电子商务专业的学生，临近毕业，她前往北京特讯商务运营有限公司（以下简称特讯运营）实习，并希望凭借良好的表现在几个月后成为该公司的正式员工。

　　营销部经理李经理是小艾的顶头上司。为了让小艾更好地适应网络推广岗位，李经理安排了岗前培训，亲自介绍网络推广的相关知识，以帮助小艾深入了解网络推广岗位的职责与要求。

学习目标

知识目标

1. 熟悉网络推广的相关知识。
2. 明确网络推广岗位的职责、任职要求，以及网络推广人员需要具备的职业素养。

技能目标

1. 能够分析企业实施网络推广的目标。
2. 能够根据网络推广岗位的职责与任职要求进行自我分析，制订提升计划。

素养目标

1. 树立网络推广意识，培养创新精神，增强对网络推广岗位的适应能力。
2. 加强对网络推广职业道德素养的认识，提升自身道德素养。

任务一 理解网络推广的定义与目标

任务描述

为了加深小艾对网络推广的认识，李经理在第一节培训课就讲解了网络推广的基础知识，包括网络推广的定义与特点，同时还与小艾一起分析了企业实施网络推广的目标。

任务实施

活动一 了解网络推广的定义与特点

李经理首先让小艾进入微博首页，搜索小米手机和海尔的官方微博账号，浏览这两个账号发布的微博内容，形成对网络推广的初步认识，然后向小艾介绍网络推广的定义与特点。

第一步 了解网络推广的定义

李经理告诉小艾，网络推广是指企业通过互联网，使用各种营销手段将企业品牌、产品或服务展现给用户，从而满足用户需求，实现赢利的一种推广方式。例如，小米手机通过微博发布手机的降价促销信息，如图1-1所示。

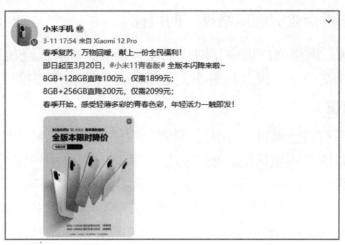

图1-1 小米手机通过微博发布的手机降价促销信息

第二步 **了解网络推广的特点**

网络推广是随着互联网的发展而衍生出来的，因此，李经理以传统的市场推广手段为参照，总结了网络推广的特点。

- **跨时空性**。网络推广以互联网为载体，借助互联网跨越时间和空间的能力，使得推广活动有可能摆脱时空限制，从而创造更大的营销价值。

- **交互性**。网络推广具有良好的交互性，企业和用户的双向沟通更加快速，反馈更加及时，在用户更信赖和认可企业的同时，企业还能通过互联网准确地了解市场和用户信息。

- **形式多样性**。互联网上内容的传播形式非常多元化，如文字、声音、图片、视频等，可以为企业实施网络推广提供更多选择。

- **整合性**。网络推广是对各种推广工具和手段的系统化整合，企业可以借助互联网统一规划和协调所有推广活动，并整合各种推广工具，全方位、立体化地进行推广。

- **技术性**。网络推广建立在互联网的基础上，而互联网又以高新技术为支撑，因此网络推广要求企业必须具备一定的技术实力，并加强信息管理部门的职能建设，吸纳能熟练操作计算机、运用网络技术和营销策略的复合型人才。

- **个性化**。借助大数据等技术，企业在进行网络推广时可以实现根据用户的特征和行为记录等数据向用户推送其感兴趣的产品或服务信息，主动满足用户需求，提升用户的网络体验。

👤 活动二　分析企业实施网络推广的目标

在小艾看来，网络推广顺应了时代的发展趋势，目前已经被很多企业采用。李经理认同了小艾的见解，并带着小艾分析了企业实施网络推广的目标。

1. 吸引流量

对于很多拥有自己网站（如网上商城、依靠广告费赢利的门户网站等）的企业而言，网站流量不仅影响企业收入、品牌曝光率、用户注册量，还会影响网站在搜索引擎中的排名。因此，这些企业实施网络推广的一大目标是为网站"引流"，吸引更多用户浏览网站（甚至单击网站中的广告链接或购买产品），进而提高网站在搜索引擎中的排名，为网站带来更多免费流量（即用户通过搜索引擎自主进入网站的流量）。

2. 推广品牌

网络推广的重要任务之一就是在互联网上建立并推广品牌，知名企业的线下品牌可以在互联网上得以延伸，普通企业则可以通过互联网塑造品牌形象，并提升企业形象。借助网络推广，企业可以提高品牌的曝光度，让品牌给用户留下良好印象，获得用户的认可。例如，海尔就经常在微博上发布品牌的相关信息，彰显品牌的强大实力，如图1-2所示。

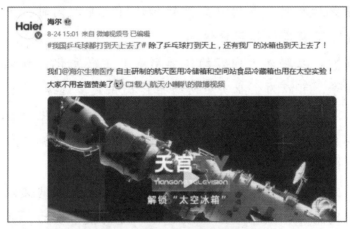

图1-2　海尔发布的品牌信息

3. 维护客户关系

当前很多企业十分重视客户关系管理，希望通过网络推广吸引新客户并留住老客户。在实施网络推广的过程中，部分企业的直接目标可能不是让用户购买产品或服务，而是通过会员福利吸引用户注册为会员或加入社群，后续再通过开展社群营销等提高客户的忠诚度，使客户长期为企业贡献价值。图1-3 所示为两则吸引用户注册会员的网络推广信息。

图1-3　两则吸引用户注册会员的网络推广信息

动手做

了解大米先生的会员制度

请同学们进入微信 App，在主界面的搜索框中输入"大米先生"，在打开的界面中点击"小程序"选项卡，再在打开的界面中点击"大米先生"选项，打开"大米先生"小程序，查看其中关于会员制度的推广信息，如图1-4 所示，了解会员的权益。思考会员制度对维护用户忠诚度的作用。

图1-4　查看"大米先生"小程序中关于会员制度的推广信息

4. 促进销售

企业经营的主要目的是获取利润，而这主要依靠的是产品或服务的销售。企业实施网络推广，向用户传递品牌、产品或服务的信息，以吸引流量、获取用户的认可，最终是为了实现产品或服务的销售。

💬 **任务评价** ─────────────────────────────────

完成该任务后，请同学们按表 1-1 所示的内容填写任务实施情况。

表 1-1　任务评价

序号	评分内容	分值	自评得分
1	了解网络推广的定义与特点	50 分	
2	掌握企业实施网络推广的目标	50 分	

问题与总结：

合计：_____

✖ **拓展任务** ─────────────────────────────────

请同学们完成以下任务。

（1）进入小米官网，选择一款产品，进入其详情页，查看详情页中出现的产品信息的表现形式，包括文字、图片、视频等，体会网络推广形式的多样性。

（2）进入淘宝网首页，单击页面上方的"免费注册"超链接，在打开的页面中输入手机号和验证码完成注册，然后在淘宝网首页搜索框中搜索几个自己感兴趣的产品，浏览一段时间后返回淘宝网首页，查看"猜你喜欢"板块中的产品，看是否与之前浏览的产品类似。

任务二　掌握网络推广的基本流程与常用方法

任务描述 ─────────────────────────────────

讲解了网络推广的基础知识后，李经理准备进一步为小艾讲解网络推广的基本流程和常用方法，让小艾了解网络推广具体是如何实施的。

任务实施 ─────────────────────────────────

👤 **活动一　认识网络推广的基本流程**

李经理告诉小艾，目前企业实施网络推广，主要有确定目标、分析市场、制定网络推广方案、执行网络推广方案、监测网络推广效果和总结网络推广活动 6 个环节。

1. 确定目标

企业只有明确了网络推广的目标，才能确定整个网络推广工作的指导原则及网络推广效果的衡量依据。这里的目标既包括网络推广总体目标，如提高网站流量、提高产品销量等；还包括阶段性的具体目标，如提高日网页浏览量、各搜索引擎的实时排名、日实际注册或下单的用户数量、周产品转化率等。

2. 分析市场

企业在实施网络推广前，应该开展全面的市场分析，包括分析企业自身和竞争对手、分析目标市场和目标用户。

- **分析企业自身和竞争对手**。这主要包括分析企业自身和竞争对手的经营状况、财务收支情况、经营目标、经营策略、品牌定位等。此外，企业还需要了解竞争对手的网络推广情况，如使用哪种方法进行网络推广、使用什么网络推广工具、网络推广的实际效果如何等。

- **分析目标市场和目标用户**。在当前消费多元化的大背景下，企业不可能满足某一行业所有领域的用户的需求，只能选择某一细分目标市场，服务于特定的目标用户。因此，企业需要明确细分目标市场以及目标用户的特点及其需求，才能根据目标用户的喜好和网络使用习惯制定网络推广策略。例如，某女装品牌需要明确细分目标市场是韩版潮服还是职场套装，目标用户是追求时尚潮流的女性还是喜爱舒适休闲的女性，并在实施网络推广时根据目标用户的喜好选择恰当的推广方法和渠道。

3. 制定网络推广方案

网络推广方案包括网络推广目标、网络推广对象（即目标用户）、网络推广预算、网络推广方法、网络推广时间进度安排、网络推广效果评价标准、网络推广活动分工及负责人等内容。其中的重点是确定网络推广预算和选择合适的网络推广方法。

- **确定网络推广预算**。网络推广往往要企业付出一定的成本，不同的网络推广方法、工具及策略对应不同的成本，企业应根据其经营状况、经营策略、财务状况及竞争对手的网络推广策略来确定网络推广预算，以便后续选择合适的网络推广方法。

- **选择合适的网络推广方法**。当前网络推广方法很多，如搜索引擎营销、网络广告等，企业可以先列出所有可行的网络推广方法，然后预估各方法的效果，在综合对比后选择最合适的方法。

4. 执行网络推广方案

确定网络推广方案后，企业就可以依据网络推广方案来实施网络推广活动，确保方案得到有效执行。

5. 监测网络推广效果

网络推广过程中，企业应该实时监测网络推广效果，根据监测数据分析是否完成阶段性的具体目标，并及时调整推广方案。

6. 总结网络推广活动

网络推广结束后，企业应该及时就网络推广活动进行总结，撰写总结报告，包括网络推广成果、网络推广费用、网络推广中的经验教训等内容。

活动二　熟悉网络推广的常用方法

李经理告诉小艾，选择合适的网络推广方法是实施网络推广的重要步骤，而当前各种网络推广方法层出不穷，小艾必须熟悉网络推广的常用方法，才能正常实施网络推广。为此，李经理向小艾介绍了目前网络推广的常用方法。

1. 电商平台推广

当前很多企业会在电商平台上开设网店，并利用电商平台提供的推广工具（如淘宝的直通车、拼多多的多多搜索等）进行推广，以吸引流量并促进产品销售。

2. 信息发布推广

信息发布推广主要是把推广信息发布在用户可能访问的网站或平台上，利用用户在这些网站或平台上获取信息的机会实现推广的目的。企业可以在论坛（如百度贴吧、虎扑社区等）、问答平台（如百度知道、知乎等）、行业网站（如中国化肥网等，见图1-5）上发布信息。

图1-5　中国化肥网

企业可以进行资源合作推广，即通过网站交换链接、交换广告、内容合作和用户资源合作等方式，在具有类似目标的网站之间实现互相推广的目的。其中，常见、简单的一种方式就是网站交换链接，即合作伙伴之间互相利用对方的网站访问资源（如访问量），互相推广，以实现共赢。其具体方法如下：在对方的网站中添加自己网站的超链接（对方进行同样的操作），让用户可以在对方的网站中发现自己的网站，为自己的网站"引流"，并增加用户对自己网站的信任度。图1-6所示为途牛旅游网首页添加的合作网站链接。

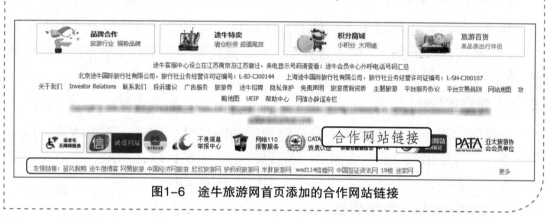

图1-6　途牛旅游网首页添加的合作网站链接

3. 软文营销

　　软文营销指企业撰写有吸引力的文章，将品牌或产品的特点、优势等信息植入文章，并通过各种宣传渠道将文章推送给用户。软文将营销信息和文章内容巧妙地结合在一起，追求的是使用户几乎不知不觉地对品牌或产品产生认同。当前，软文的形式十分多样，包括搞笑段子、感悟分享、知识科普、事件评述等。

查看某品牌的软文

　　请同学们扫描右侧的二维码，查看某家电品牌发布的软文，体会软文与硬广告之间的差别，看看自己是否几乎不知不觉地接收了该品牌的营销信息。

拓展阅读

某品牌的软文

4. 网络广告

　　网络广告就是在网络平台上投放的广告，是企业通过互联网在网站或网页中以各种方式（如文字链接、图片、视频等）发布的广告。

5. 搜索引擎营销推广

搜索引擎营销推广是基于搜索引擎的网络推广，它利用人们对搜索引擎的使用习惯，在检索过程中将营销信息推广给用户，让用户发现信息后主动点击信息，并进一步了解信息。搜索引擎是指运用特定的计算机程序从互联网上收集信息，为用户提供检索服务的系统，目前常见的搜索引擎有百度、搜狗等。搜索引擎可以检索海量的信息，是人们生活和工作中必不可少的工具之一。

6. 电子邮件营销

电子邮件营销是通过电子邮件的方式向目标用户传递营销信息的网络推广手段，其形式有电子刊物、电子邮件广告等，具有营销范围广、成本低、简单快捷、目标精准等特点。

7. 新媒体营销

新媒体营销即利用新媒体平台开展营销的网络推广方式。新媒体营销以新媒体平台为传播渠道，把产品和品牌信息传送给用户，以在用户心中形成记忆并提高其好感度，从而达到宣传品牌、销售产品的目的。

8. 短视频营销和直播营销

短视频营销是指企业借助短视频，通过选择目标用户，向他们传播有价值的内容，吸引目标用户了解企业品牌、产品和服务，最终促成交易。直播营销是指在现场随着事件的发生、发展进程同时制作和播出节目的营销方式，简单而言就是以直播平台为载体开展营销活动，以达到提升品牌形象或增加产品销量的目的。

9. 社群营销

社群营销就是基于互联网把具有相同或相似兴趣爱好的人聚集在一起进行营销的方式。当前很多企业会组建社群并吸引用户加入，通过社群与用户互动、交流，并在社群中提供有价值的内容、专属福利等，以提高社群中用户的活跃度，同时还会开展一些营销活动来增强社群成员的黏性，培养忠诚用户。社群营销的典型代表有罗辑思维、秋叶 PPT、小米等。

💬 任务评价

完成该任务后，请同学们按表 1-2 所示的内容填写任务实施情况。

表1-2　任务评价

序号	评分内容	分值	自评得分
1	了解网络推广的基本流程	50分	
2	熟悉网络推广的常用方法	50分	

问题与总结：

合计：＿＿＿＿＿＿＿＿＿＿

✖ 拓展任务

　　请同学们进入小米社区，浏览首页的帖子，查看都有哪些内容。在页面上方单击"圈子"选项卡，在打开的页面中查看不同讨论主题的板块，单击"MIUI"旁的✔按钮，在打开的列表中选择"MIUI系统"选项，在打开的页面中单击"建议"选项卡，查看小米粉丝对MIUI系统提出的建议，如图1-7所示。思考小米是如何通过小米社区进行社群营销的。

图1-7　小米粉丝对MIUI系统提出的建议

任务三　了解网络推广岗位

任务描述

　　李经理在讲解了网络推广的相关知识后，准备向小艾介绍网络推广岗位的职责与任职要求，让小艾充分了解这个岗位，并明确应该提升哪些方面的职业素养，从而胜任该岗位。

任务实施

活动一　了解网络推广岗位的职责与任职要求

李经理前往招聘网站搜索了网络推广的相关岗位，向小艾展示了实际的招聘信息，让小艾了解了网络推广岗位的职责与任职要求。

第一步 了解网络推广岗位的职责

李经理进入 BOSS 直聘网站首页，搜索"网络推广"，在打开的页面中查看了不同企业发布的网络推广岗位的招聘信息，向小艾展示了不同企业的网络推广岗位的职责，如图 1-8 所示。

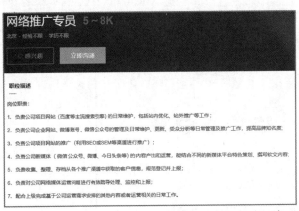

图1-8　不同企业的网络推广岗位的职责

然后，李经理整理了网络推广岗位的职责，具体如下。

（1）分析企业目标市场和用户需求，挖掘产品卖点，结合企业实际情况，选择具体的推广方式，制定网络推广方案。

（2）关注网络热点，收集相关资料，整合收集到的资料，挑选可用的信息，完成营销软文、短视频等的策划、制作等工作。

（3）负责微信、微博、抖音、快手等新媒体平台账号的日常内容更新、运营，吸引粉丝并与其互动。使用百度百科、百度知道、百度贴吧等发布企业信息，提高品牌曝光率。

（4）策划并开展直播营销，提高企业产品销量并增强品牌影响力。

（5）使用淘宝、拼多多等电商平台的推广工具进行推广，分析推广效果并实时调整推广策略。

（6）负责搜索引擎的优化，并通过百度、搜狗等搜索引擎提高企业在搜索结果中的排名。

（7）策划并投放网络广告，开展电子邮件营销。

（8）建立并管理社群，开展社群营销。

（9）分析推广数据，实时调整推广方案，事后总结推广活动。

第二步 **总结网络推广岗位的任职要求**

在小艾了解了网络推广岗位的职责后，李经理又向小艾展示了某企业的网络推广岗位的任职要求，如图1-9所示，以让小艾认识到当前企业对网络推广岗位的任职者是有一定要求的。

```
任职要求：

1. 积极上进，主动学习；

2. 热爱互联网或教育行业；

3. 有无经验均可，接受应届毕业生；

4. 有网络营销推广经验的优先；

5. 热爱销售行业的有志青年优先；

6. 工作细致耐心，负责任，有良好的沟通能力和执行能力，具有团队合作精神。
```

图1-9 某企业的网络推广岗位的任职要求

接着，李经理从专业、经验、知识及能力等方面对网络推广岗位的任职要求进行了总结，具体如下。

- **专业要求**。网络推广岗位一般要求任职者毕业于新闻、营销、广告、设计、电子商务、工商管理等专业。

- **经验要求**。根据具体岗位及薪资水平的不同，不同企业的网络推广岗位对任职者的经验要求不同。一般来说，企业对实习生的经验要求较低，大多不做硬性规定；网络推广专员则要求具有1年及以上的工作经验；网络推广主管通常要求至少具有3年的工作经验。

- **知识要求**。网络推广岗位任职者应当了解互联网、新媒体平台，掌握网络推广和营销策划等知识，并能熟练操作制图工具、排版工具，熟悉各大电商平台、新媒体平台的操作方法，掌握各平台推广工具的使用方法等。除此之外，任职者还要具备一定的营销心理学知识。

- **能力要求**。网络推广岗位要求任职者具备快速学习能力、创新能力和思维能力等基本能力。快速学习能力是指在短时间内快速熟悉陌生事物，学会该事物的使用方法并能融会贯通的能力；创新能力是指独立自主地创造新事物、新内容的本领和能力；思维能力是指能够独立思考，在面对问题时能够提出对应的解决方案的能力。

活动二　提升网络推广人员的职业素养

李经理告诉小艾，职业素养是职业内在的规范和要求，一名合格的网络推广人员应该具备的职业素养包括职业道德素养、职业技能素养和职业意识素养，让小艾结合自身情况有意识地加以提升。

1. 职业道德素养

职业道德素养是指从业人员在职业活动中应该遵循的行为准则。对于网络推广人员而言，职业道德素养包括爱岗敬业、勤奋学习、意志坚强、遵纪守法等。

- **爱岗敬业**。爱岗敬业是指热爱自己的工作，安心于本职岗位，恪尽职守地做好本职工作。网络推广人员应该积极树立职业理想，努力追求职业发展、职业晋升，通过职业实现个人的价值。同时，网络推广人员应该具备强烈的职业责任感，将工作作为自己的使命，不推诿、不抱怨。

- **勤奋学习**。当前社会的发展速度很快，新的商业模式和应用不断出现，行业规则和市场也在不断变化，网络推广人员要树立不断学习的职业意识，积极主动地通过学习、培训和实践等途径，持续提升职业技能，以达到和维持足够的专业胜任能力。同时，在学习专业技能的过程中，网络推广人员还需要有勤学苦练的精神，做到持之以恒。

- **意志坚强**。网络推广工作需要网络推广人员实时关注推广效果，并控制好推广成本，是一项经常需要与用户直接打交道、烦琐、压力较大的工作。网络推广人员应该秉持积极的心态，有毅力、有韧性，遇到各种困难和挫折时不轻言放弃，学会自我激励，积极汲取正能量。

- **遵纪守法**。网络推广人员应该具有严肃的法制观念，自觉遵守相关纪律和法律，抵制来自外界的不良诱惑，不发布虚假广告，不夸大产品效果。

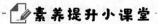

素养提升小课堂

《中华人民共和国广告法》规定，广告不得含有虚假或者引人误解的内容，不得欺骗、误导消费者；广告使用数据、统计资料、调查结果、文摘、引用语等引证内容的，应当真实、准确，并表明出处；广告不得使用"国家级""最高级""最佳"等用语，保健食品广告不得含有表示功效、安全性的断言或者保证。

动手做

查看淘宝网的产品广告

请同学们进入淘宝网，选择一款钙片，完成以下任务。

1. 查看其标题、详情页中是否有"国家级""最高级""最佳"等用语，以及表示功效、安全性的断言或者保证。

2. 查看其详情页广告中是否含有表示功效、安全性的断言或者保证。

2. 职业技能素养

职业技能素养是指根据职业的活动内容，对从业人员工作能力水平的规范性要求。出于实际的工作需求，网络推广人员需要善于分析数据、善于表达、善于整合资源和善于应用工具。

- **善于分析数据。** 在实施网络推广的过程中，网络推广人员需要分析大量数据，包括产品浏览量和转化率，微博博文、短视频、营销软文等内容的浏览数、点赞数、转发数，营销账号的新增粉丝数等；需要评定推广效果，并根据数据分析的结果制定或调整营销策略，因此网络推广人员应该具备较强的数据分析能力。

- **善于表达。** 表达分为口头表达和书面表达。就口头表达而言，网络推广人员在网络推广过程中需要与同事、用户等直接交流，因此需要具备较强的口头表达能力。就书面表达而言，网络推广涉及大量文案的写作，网络推广人员需要具备流畅的文笔、能灵活转换语言风格，以达到吸引用户的效果。

- **善于整合资源。** 在实际工作中，企业的推广平台众多，容易出现资源分散的情况。例如，在不同的平台中存在多个同质化的内容，导致营销内容的原创性与质量降低，给用户带来不好的体验。因此，网络推广人员要了解企业已有的传播渠道和营销模式，积极收集和合理利用网络中的资源（如文章素材、优质合作对象等），充分整合后科学地选择适合企业的营销方式，并提升内容的价值和可读性。

- **善于应用工具。** 网络推广涉及文字、图片、视频等内容表现形式，因此网络推广人员应当学会借助各种工具提高工作效率，包括图片处理工具、表单工具、排版工具、思维导图工具、视频处理工具等。图1-10所示为网络推广人员常用的工具。

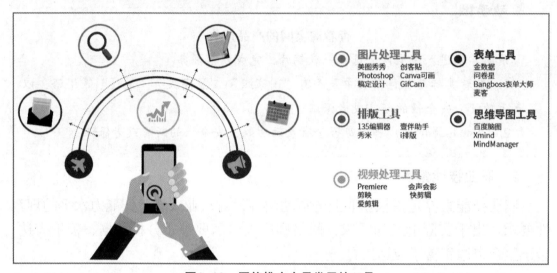

图1-10　网络推广人员常用的工具

3. 职业意识素养

网络推广是一个专业性较强的岗位，需要网络推广人员将一些基本的认识、行为习惯融入自己的意识当中，形成职业意识，包括关注网络热点的意识、创新意识、团队协作意识等，这样才能更好地适应该岗位。

- **关注网络热点的意识。** 网络推广人员需要形成随时关注各种网络热点（如网络热点话题、网络热点词汇、网络热点"表情包"等）的意识，以便形成快速反应。这样才能更好地把握机会，将企业产品或品牌理念与网络热点结合起来，打造具有吸引力的营销内容，从而形成推广优势。

- **创新意识。** 在互联网时代，信息层出不穷，用户对各种推广信息已经习以为常，陈旧的网络推广形式不仅难以吸引用户，还会引起他们的反感。因此，网络推广人员应该具备较强的创新意识，敢于突破旧的思维模式，大胆探索新的可能性，积极主动地发挥自己的想象力，将创意融入网络推广的工作中。

素养提升小课堂

　　创新是民族进步的灵魂。近年来，我国提出"大众创业、万众创新"的号召，大力推进群众性创新，加强创新人才培养，努力完善激发人才活力的机制，提倡营造鼓励创新、尊重个性、容忍失败、开放包容、注重长远的创新氛围，为创新者提供了更多的空间。

- **团队协作意识**。网络推广是一项复杂的工作，在很多情况下需要团队协作才能完成，如直播营销就需要主播、直播后台操作人员等协作完成。因此，网络推广人员要善于团结同事，发挥共同协作的精神，不要以自我为中心，不要固执己见，而应努力与同事沟通，在出现问题时主动反省。

💬 任务评价

　　完成该任务后，请同学们按表 1-3 所示的内容填写任务实施情况。

表 1-3　任务评价

序号	评分内容	分值	自评得分
1	了解网络推广岗位的职责与任职要求	50 分	
2	了解网络推广人员的职业素养	50 分	

问题与总结：

合计：_____

🔧 拓展任务

　　请同学们完成以下任务。

　　（1）根据网络推广岗位的职责、任职要求和网络推广人员的职业素养，结合自己的实际情况，分析自己需要提升的能力和职业素养。

　　（2）搜索《中华人民共和国广告法》《中华人民共和国反不正当竞争法》，查看具体法律条文，找出其中与虚假广告、虚假宣传相关的条文，了解虚假广告的具体定义，以及发布虚假广告应承担的法律责任。

项目总结

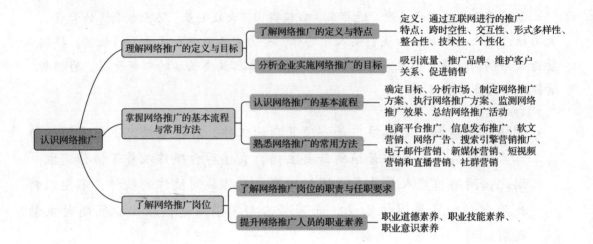

项目二

分析网络推广目标市场

职场情境

　　吉辰鞋业有限公司（以下简称吉辰）是一家生产和销售男鞋的企业，早年以生产帆布鞋起家，后来走多元化发展道路，又开始生产皮鞋和板鞋。其中，由于引进了先进的皮革加工技术，皮鞋的生产质量在业内有口皆碑。吉辰通过网络推广（开设官方微博账号）和网络销售（开设淘宝店），取得了不错的成绩。近年来吉辰的利润逐渐减少，管理层经过分析后发现主要原因是公司的市场定位不清晰，产品种类过多，相关生产设备占用了过多资金。因此，该公司委托特讯运营帮助其分析网络推广目标市场，以选择一个合适的细分市场精耕细作，并精准定位目标用户，为后续实施网络推广做准备。李经理接到任务后，决定带着小艾一起完成。

学习目标

✈ **知识目标**

1．熟悉网络市场信息、网络推广目标市场的相关知识。

2．掌握创建目标用户画像、分析目标用户需求、挖掘网络推广产品卖点的相关知识与操作。

✈ **技能目标**

1．能够使用巨量算数、生意参谋和调查问卷收集网络市场信息。

2．能够基于市场信息和企业具体情况选择网络推广目标市场。

3．能够基于用户数据创建目标用户画像。

4．能够基于目标用户画像分析目标用户需求，并据此挖掘网络推广产品卖点。

✈ **素养目标**

1．提高对数据的敏感度。

2．学会站在用户的角度思考问题。

任务一 收集网络市场信息

任务描述

收集网络市场信息是分析网络推广目标市场的基础。李经理要求小艾结合目标市场、目标用户等对象，确定需要收集的信息，然后选择合适的渠道和工具进行收集，并为小艾提供了吉辰的产品线及其竞争对手的相关信息。小艾需要确保信息的准确性和完整性，为后续进行网络推广目标市场分析打好基础。

任务实施

👤 活动一 确定收集网络市场信息的主要内容

小艾了解到，网络市场信息包括的面很广，主要包括目标用户信息、竞争对手信息、目标市场信息和企业产品或服务的相关信息等方面，自己需要根据实际情况选择侧重点。

1. 目标用户信息

企业在收集目标用户信息时，应该收集以下两方面的信息。

- **用户个人特征信息。**这方面的信息包括用户所在地域、性别、年龄、职业、兴趣爱好、文化水平、收入水平、婚姻状况、购物心理等。
- **用户需求状况信息。**这方面的信息包括价格偏好（可接受的价格区间）、购物渠道（如通过移动端还是PC端购买）、娱乐方式（如喜欢观看短视频还是直播等）、支付方式（如通过第三方支付平台支付还是通过网上银行支付）、物流要求（如希望当天送达还是3～5天送达）、服务要求（如需要上门服务还是寄修服务），以及其他个性化需求（如是否需要定制包装等）。

2. 竞争对手信息

企业需要收集的竞争对手信息包括竞争对手的市场占有率、网络推广方法和策略、服务水平、竞争策略等。

3. 目标市场信息

企业需要收集的目标市场信息包括企业产品或服务的市场容量、供求状况、竞争激烈程度等。

4. 企业产品或服务的相关信息

企业需要收集的自身产品或服务的相关信息包括产品或服务的供求情况、市场占有率、销售情况、用户满意度及用户对产品或服务需求的新变化等。

拓展阅读

吉辰竞争对手信息

考虑到已有吉辰的产品线信息（见表2-1）及竞争对手的相关信息（扫描右侧的二维码即可查看），小艾认为此次需要重点收集目标市场信息、产品销售信息、目标用户信息。

表 2-1　吉辰的产品线信息

序号	产品线	主要产品
1	皮鞋	圆头休闲皮鞋、镂空休闲皮鞋、尖头正装皮鞋、加绒休闲皮鞋
2	板鞋	黑白撞色板鞋、复古印花板鞋、简约百搭小白鞋
3	帆布鞋	经典低帮帆布鞋、棋盘格子帆布鞋、高帮刺绣帆布鞋

素养提升小课堂

网络推广人员需要随时关注经济形势。同学们可以经常前往国家统计局的官方网站、中国政府网等权威网站了解最新的统计数据和国家政策。

活动二　使用数据工具和调查问卷收集网络市场信息

小艾需要通过各种渠道收集网络市场信息。她决定借助巨量算数和生意参谋（淘宝数据工具）分别收集目标市场信息以及产品销售信息，然后通过问卷调查的方式来进一步收集详细、具体的目标用户信息。

第一步　使用巨量算数收集目标市场信息

巨量算数是字节跳动旗下的数据平台，主要依托今日头条、抖音、西瓜视频等热门平台的数据，能够从宏观上体现某一类产品的网络热度。小艾使用巨量算数收集了"皮鞋男""板鞋男""帆布鞋男"的搜索指数，以及关注这3类产品的用户的地域、年龄、性别和兴趣等信息，具体操作如下。

微课视频

使用巨量算数收集目标市场信息

步骤 01 进入巨量算数首页，单击 点击进入算数指数 按钮，在打开的页面的搜索框中输入"皮鞋男"，按【Enter】键。

步骤 02 在打开的页面中单击 + 添加对比词按钮，在出现的文本框中输入"板鞋男"，添加"板鞋男"作为对比词。再按照相同的方法添加对比词"帆布鞋男"。在下方"搜索指数"板块中查看近一个月各个关键词的数据情况，如图2-1所示。从图中可以看出，"皮鞋男"的搜索指数最大，"板鞋男"和"帆布鞋男"的搜索指数较小，说明男式皮鞋的市场需求量较大。

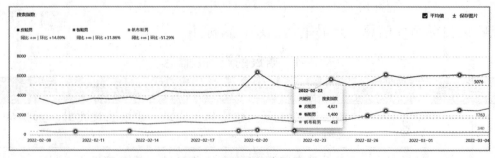

图2-1　"搜索指数"板块

步骤 03 单击页面上方的"人群画像"选项卡，单击"皮鞋男"选项卡，查看关注"皮鞋男"的用户画像。在打开的页面中通过"地域分布"板块了解到用户主要分布在广东、浙江、江苏等省份，如图2-2所示；通过"年龄分布"板块可得知用户的年龄主要为24~40岁，如图2-3所示；通过"性别分布"板块可得知用户主要为男性。

图2-2　地域分布

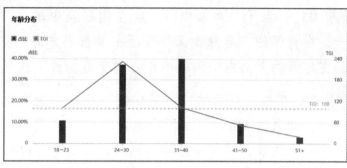

图2-3　年龄分布

步骤 04 在"用户兴趣"板块查看用户的兴趣，如图2-4所示。从图中可以看出，用户偏好拍摄、美食、文化教育等内容。

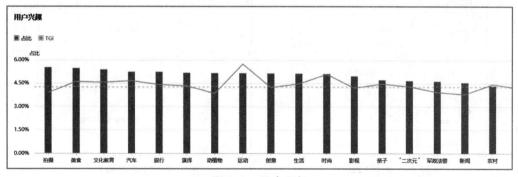

图2-4　用户兴趣

步骤 05 单击页面上方的"板鞋男""帆布鞋男"选项卡，按照相同的思路收集对应用户的具体信息。

🖌️ **动手做**

探索巨量算数的功能

请同学们执行以下操作。

1. 进入巨量算数首页，单击页面上方的"创作指南"选项卡，在打开的页面中查看关键词排行。

2. 单击页面上方的"算数榜单"选项卡，在打开的页面中查看各领域的品牌榜。

3. 单击页面上方的"算数报告"选项卡，在打开的页面中选择一两个感兴趣的报告查看。

第二步 使用生意参谋收集产品销售信息

小艾使用生意参谋收集了吉辰淘宝店现有产品的销售信息，具体操作如下。

使用生意参谋收集
产品销售信息

步骤 01 登录千牛卖家中心，在左侧列表中单击"数据"选项卡，在打开的"生意参谋"页面中单击上方的"交易"选项卡，在打开的页面左侧列表中单击"交易构成"选项卡。

步骤 02 在打开页面的"类目构成"板块中查看网店所出售的产品的类目构成情况，如图2-5所示。从图中可以看出，在网店所出售的产品中，休闲皮鞋类目的占比最高，其次是正装皮鞋，两者占据了60%以上的份额。

步骤 03 在打开页面的"价格带构成"板块中查看网店中销售产品的价格带构成情况，如图2-6所示。从图中可以看出，网店的产品价格主要为401~600元。

图2-5 类目构成　　　　　　图2-6 价格带构成

第三步 开展问卷调查收集目标用户信息

小艾还需要开展问卷调查进一步收集目标用户信息，她首先设计了问卷内容，然后通过问卷星制作并发布了问卷。

 知识窗

在设计调查问卷的问题时，一般有两种类型的问题可供选择，一种是封闭性问题，另一种是开放性问题。

- **封闭性问题**。封闭性问题规定了一组可供选择的答案和固定的回答格式，如"您在购买汽车时主要考虑的因素是什么？A.实惠　B.性能　C.外观 D.价格"，具有答案标准化且易于答题者回答的特点。设置这类问题便于企业开展分析，但不能使企业很好地了解答题者的主观意愿。

- **开放性问题**。开放性问题即一种不提供标准答案，由答题者自己组织语言回答的问题，如"您对我们公司新推出的××产品有什么看法？"，具有能充分表达答题者看法的特点。设置这类问题有利于企业更深入地了解答题者的主观意愿，但也容易使企业获得无用信息。

问题的质量决定了问卷调查的效果，企业在设计问题时需要注意图 2-7 所示的要点。

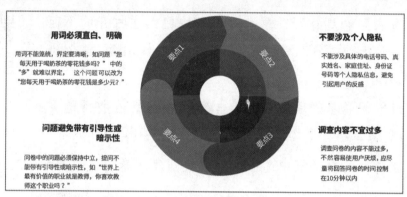

图2-7 调查问卷问题的设计要点

1. 设计问卷内容

小艾根据之前确定的需要收集的信息，设计了一个名为《鞋类产品市场调查》的问卷，包括单选、多选和开放式问题，总共 19 道题，具体内容如图 2-8 所示。需要注意的是，为了便于问卷星识别问卷内容，最好在题干后添加"单选题""多选题"等题型标注信息（开放式问题不用添加）。

图2-8 设计完成的问卷

📑**经验之谈**

调查问卷的问题应按照一定的逻辑排列，如先易后难、先封闭后开放、先列总括性问题后列特定性问题等。

2. 制作并发布问卷

小艾接着在问卷星中制作并发布了问卷，具体操作如下。

微课视频

制作并发布问卷

步骤 01 进入问卷星首页，单击 免费使用 按钮，在打开的页面中填写手机号码、验证码、密码、个人姓名，单击 创建用户 按钮完成账号注册。

步骤 02 进入问卷星管理后台，单击 ➕创建问卷 按钮，在打开的页面中选择问卷类型，这里选择"调查"选项，如图2-9所示。

步骤 03 在打开的对话框中选择"从模板创建问卷"选项，如图2-10所示。

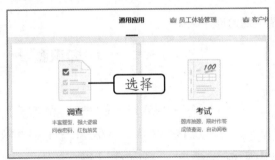

图2-9　选择"调查"选项

图2-10　选择"从模板创建问卷"选项

步骤 04 打开的页面将显示格式示例，单击 清空文本 按钮，在打开的提示对话框中单击 确定 按钮，将之前设计的问卷内容复制后粘贴到左侧的空白区域中（配套资源：\素材\项目二\问卷.docx），系统将自动在右侧生成问卷，如图2-11所示，然后单击 完成 按钮。

图2-11　生成问卷

步骤 05 在打开的页面中预览生成的问卷，确认后单击右上角的 ✓完成编辑 按钮。

步骤 06 在打开页面的"添加问卷说明"栏单击，在打开的对话框中输入问卷说明，单击 确定 按钮，如图2-12所示。

📖 **经验之谈**

问卷说明应包含调查者的身份介绍、调查目的、调查事项说明（如承诺调查的匿名性和保密性、感谢用户参与等）。

步骤 07 单击"设计向导"选项卡，单击 发布此问卷 按钮发布问卷。在打开的页面中单击 复制 按钮，如图2-13所示，复制问卷的链接，将链接发送给参与调查的用户。

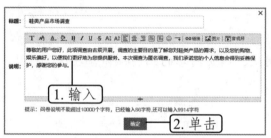

图2-12　输入问卷说明

图2-13　复制问卷链接

✏️ **动手做**

探索问卷星的功能

请同学们执行以下操作。

1. 在图2-13所示的"问卷二维码与链接"页面中单击 微信发送 按钮，在打开的页面中单击 设置微信分享Logo和文案 按钮，在打开的对话框中设置直接分享说明和作答后分享说明，单击 保存 按钮。

2. 返回"问卷二维码与链接"页面，将鼠标指针移到二维码处，在打开的列表中选择需要的二维码尺寸，下载该尺寸的二维码，并将其发送给参与调查的用户。

3. 收集问卷数据

小艾委托吉辰向600名关注男鞋穿搭的用户发放了问卷，最终收回到了420份有效的问卷。小艾登录了问卷星，在管理后台首页将鼠标指针移到调查问卷对应的"分析＆下载"选项处，在打开的列表中选择"统计＆分析"选项，如图 2-14 所示，在打开的页面中查看问卷调查结果，单击某一道问题对应的 **柱状** 按钮，还可将结果转换为按柱形图形式显示，如图 2-15 所示，从图中可以看出，目标用户以男性为主。

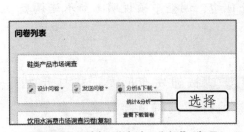

图2-14 选择"统计&分析"选项

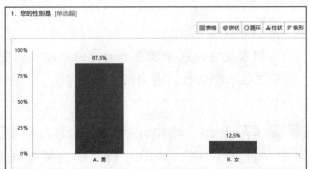

图2-15 查看结果

 经验之谈

问卷设计好后，可以先在小范围内测试，核实问卷的正确性和合理性，确认无误后再大规模发放问卷、收集问卷数据。

💡 **知识窗**

企业可以从以下渠道收集网络市场信息。

- **内部管理系统**。企业可以从内部的各种管理系统的数据库中查询和采集与用户相关的数据信息，如产品采购和管理系统、用户服务管理系统、仓储管理系统、财务管理系统等。

- **专业数据机构**。许多专业数据机构会定期向公众发布研究报告，如艾媒咨询等，如图2-16所示。这些报告具有较强的专业性、权威性，对企业而言利用价值很高。

- **社会调研**。企业可以通过开展社会调研（如问卷调查等）来采集相关的市场信息，如制作用户满意度问卷调查表，将该表发放给用户，并做好问卷回收工作，就能得到较为准确的用户满意度数据。

- **数据工具**。当前一些网络平台会提供专门的数据工具供用户收集数据，如淘宝网的生意参谋、百度的百度指数、字节跳动的巨量算数（收集抖音、今日头条等字节跳动旗下平台的数据）等；同时，企业也可以用一些数据采集工具（如八爪鱼采集器等）将网页中需要的数据抓取出来。

图2-16　艾媒咨询发布的研究报告

💬 **任务评价**

完成该任务后，请同学们按表2-2所示的内容填写任务实施情况。

表2-2　任务评价

序号	评分内容	分值	自评得分
1	了解网络市场信息收集的主要内容	40分	
2	能够使用数据工具和调查问卷收集网络市场信息	60分	

问题与总结：

合计：_____

✖ **拓展任务**

请同学们完成以下操作。

（1）登录问卷星，进入管理后台，单击 ＋创建问卷 按钮，在打开的页面中选择"调查"选项，在打开的对话框中选择"从模板创建问卷"选项，在打开页面的左侧列表中选择"市场调查"选项，如图2-17所示，在右侧列表中选择两个感兴趣的调查问卷进行预览，了解不同调查问卷设计的问题。

图2-17　选择"市场调查"选项

（2）在搜索引擎中搜索"艾媒网"，进入艾媒网首页，在"报告推荐"板块中查看感兴趣的报告，了解专业研究报告包含的内容和展现形式。

（3）在搜索引擎中搜索"八爪鱼采集器"，进入八爪鱼采集器首页，通过首页介绍了解使用八爪鱼采集器抓取数据的操作方法，将鼠标指针移到上方导航栏的"产品"选项处，在打开的列表中选择"教育公益计划"，在打开的页面中了解该计划的具体内容。

任务二　确定网络推广目标市场

任务描述

收集好需要的网络市场信息后，李经理要求小艾根据这些信息从皮鞋、板鞋、帆布鞋3个细分市场中为吉辰选择一个网络推广目标市场，并创建目标用户画像。李经理告诉小艾网络推广目标市场要符合吉辰的实际情况、要能给吉辰带来可观的利润，目标用户画像要全面、具体、生动。

任务实施

👤 活动一　选择网络推广目标市场

小艾依次分析了细分市场规模、细分市场的竞争情况、企业的自身情况和潜力，根据分析结果为吉辰选择了一个网络推广目标市场。

第一步　分析细分市场规模

从市场规模来看，根据之前通过巨量算数收集的数据，相对于板鞋和帆布鞋，皮鞋这一细分市场的需求量更大，问卷调查结果也可以佐证这一点，如图2-18所示。因而，皮鞋的市场规模也就更大，选择皮鞋这一细分市场能够保证吉辰有足够大的发展空间。

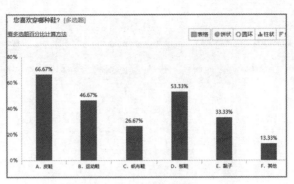

图2-18　问卷调查结果（一）

第二步 **分析企业自身情况**

从产品生产的角度来看，吉辰之前引进了先进的皮革加工技术，生产的皮鞋质量在业内处于领先地位。从问卷调查结果来看，与竞争对手相比，用户对吉辰皮鞋的认可度是较高的。并且，在吉辰的产品中，吉辰的皮鞋最受欢迎，有 50% 的用户偏爱吉辰的皮鞋，如图 2-19 所示。结合吉辰淘宝店的销售数据来看，吉辰皮鞋的销售情况也更好。因此，小艾初步判定吉辰在皮鞋领域具有一定优势。

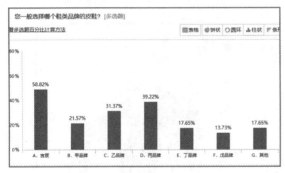 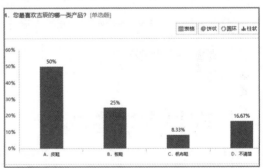

图2-19　问卷调查结果（二）

第三步 **分析细分市场的竞争情况和潜力**

小艾了解到，就皮鞋这一细分市场来看，吉辰的主要竞争对手甲、乙、丙品牌在生产技术、产品质量方面并没有优势，也没有较强势的主打产品，所以小艾认为甲、乙、丙品牌在皮鞋这一细分市场对吉辰不会构成太大的威胁。

从市场潜力方面来看，小艾根据问卷调查结果发现，很多用户认为目前市面上的皮鞋并不能完全满足自己的需求，包括加绒、增高、防滑、耐磨、镂空、软底等方面，如图 2-20 所示。因此，小艾初步判定皮鞋这一细分市场还有潜在需求可以挖掘，具有一定的发展潜力。

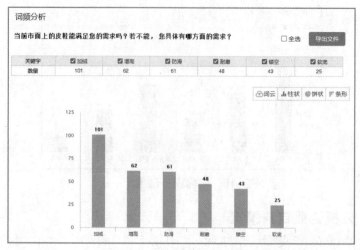

图2-20 潜在需求调查结果

综合来看，小艾认为皮鞋这一细分市场适合作为吉辰的网络推广目标市场。

💡 **知识窗**

网络推广目标市场应具备图2-21所示的条件。

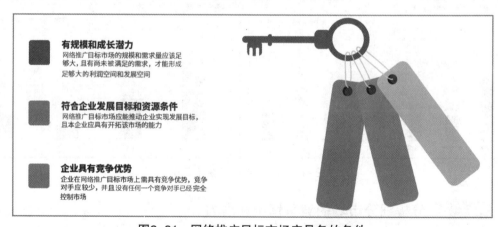

图2-21 网络推广目标市场应具备的条件

👤 活动二 创建目标用户画像

目标用户画像是指根据目标用户的属性、偏好、生活习惯、行为等信息而抽象出来的标签化用户模型。通俗地说，目标用户画像就是给目标用户打标签，利用这些标签将目标用户形象化、具体化。小艾以调查问卷为依据，首先整理了问卷中相关问题的调查结果，然后根据这些结果创建了目标用户画像。

第一步　整理问卷数据

小艾分别整理了调查问卷中与目标用户信息相关问题的调查结果（以柱形图或条形图形式显示），为后续创建目标用户画像做准备。

- **年龄段**。根据"您的年龄段是"问题的调查结果（见图2-22），目标用户主要是26～45岁的人群。
- **收入水平**。根据"您的收入是"问题的调查结果（见图2-23），37.84%的目标用户的收入为10001～15000元，29.73%的目标用户的收入为5000～10000元，可以判定目标用户的收入整体属于中等偏上水平。

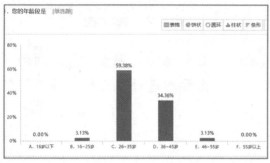

图2-22　年龄段

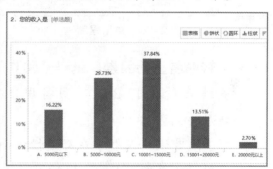

图2-23　收入水平

- **居住地**。根据"您居住在"问题的调查结果（见图2-24），目标用户主要居住在北京、上海等一线城市及成都、杭州等新一线城市。
- **职业**。根据"您的职业是"问题的调查结果（见图2-25），目标用户的职业身份主要是企业办事人员和公务员，以及专业技术人员。

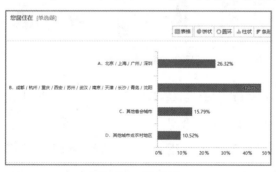

图2-24　居住地

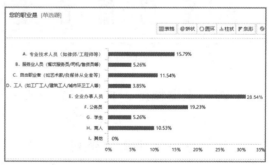

图2-25　职业

- **文化程度**。根据"您的文化程度是"问题的调查结果（见图2-26），目标用户的文化程度中本科及以上的占比超过60%，说明目标用户的文化程度整体较高。
- **买鞋频率**。根据"您一年买几次鞋？"问题的调查结果（见图2-27），

58.82%的目标用户的买鞋频率为一年1～2次，32.35%的目标用户一年买鞋3～4次。

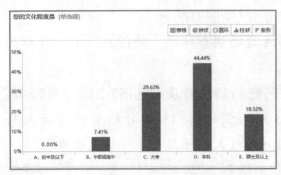

图2-26　文化程度

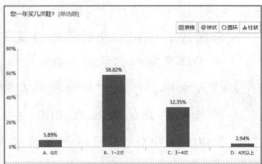

图2-27　购鞋频率

- **买鞋时看重的因素。**根据"您在买鞋时主要考虑哪些因素？"问题的调查结果（见图2-28），目标用户在买鞋时主要考虑外观设计、质量、舒适度等因素。
- **舒适度要求。**根据"在舒适性方面，您比较注重以下哪几项？"问题的调查结果（见图2-29），目标用户注重鞋子的柔软度、透气性和吸汗性。

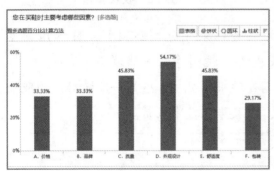

图2-28　买鞋时看重的因素

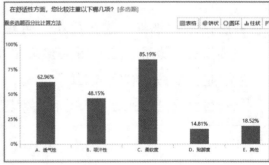

图2-29　舒适度要求

- **购买渠道偏好。**根据"您一般在哪些地方购买鞋子？"问题的调查结果（见图2-30），目标用户喜欢在网店、网络直播间、大型商场购买鞋子。
- **价格偏好。**根据"您内心能接受的鞋子价格范围是？"问题的调查结果（见图2-31），50.00%的目标用户能接受的鞋子价格范围为501～800元，34.38%的目标用户能接受的鞋子价格范围为200～500元。
- **网络娱乐方式。**根据"您目前喜欢哪些网络娱乐方式？"问题的调查结果（见图2-32），目标用户更偏好的网络娱乐方式是看直播和看短视频。

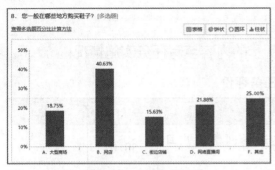

图2-30 购买渠道偏好

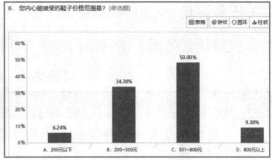

图2-31 价格偏好

- **喜好的社交平台。** 根据"您通常喜欢使用哪些社交平台？"问题的调查结果（见图2-33），目标用户更偏好的社交平台有抖音、微信和微博等。

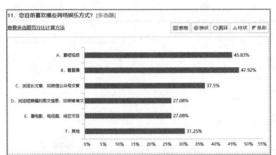

图2-32 网络娱乐方式

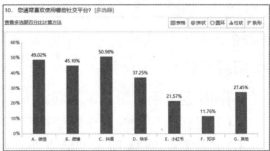

图2-33 喜好的社交平台

第二步 总结信息并创建目标用户画像

小艾对上述信息进行了进一步的总结，并创建了目标用户画像，如图2-34所示。

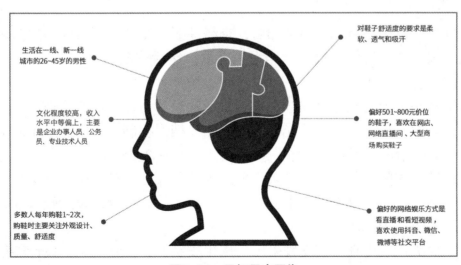

图2-34 目标用户画像

任务评价

完成该任务后，请同学们按表 2-3 所示的内容填写任务实施情况。

表 2-3　任务评价

序号	评分内容	分值	自评得分
1	能够基于企业具体情况和市场信息选择网络推广目标市场	50 分	
2	能够基于用户数据创建目标用户画像	50 分	

问题与总结：

合计：＿＿＿＿＿＿＿＿

拓展任务

请同学们分组讨论以下问题。

（1）目标用户画像对于网络推广有什么作用？

（2）除了图 2-34 所示的信息外，目标用户画像还可以涉及哪些信息？

任务三　明确网络推广市场定位

任务描述

明确目标市场和目标用户画像后，李经理要求小艾分析目标用户需求，并据此从 3 款备选皮鞋中选择一款作为主推款，然后挖掘其卖点。小艾总结了 3 款皮鞋的信息，具体如下。

（1）圆头休闲皮鞋。该皮鞋由知名设计师设计，款式经典百搭，适用于多种场合。鞋面采用精选牛皮（光泽度高，凸显档次）制作，鞋底采用高耐磨橡胶制作，有防滑底纹设计，有增高鞋跟设计，如图 2-35 所示。

（2）镂空休闲皮鞋。该皮鞋采用普通皮具制作，全鞋身采用蜂窝状大孔设计，透气性非常好。夏天穿着十分凉爽，鞋身柔软，但款式设计较普通，品质感不强，如图 2-36 所示。

（3）尖头正装皮鞋。该皮鞋采用精选牛皮制作，独特的尖头设计能很好地修饰脚型（但会使脚部有一定的束缚感），款式为精致成熟风，适用于商务场合，如图2-37所示。

图2-35 圆头休闲皮鞋

图2-36 镂空休闲皮鞋

图2-37 尖头正装皮鞋

任务实施

活动一 分析目标用户需求

小艾首先分析了目标用户的需求，然后分析了备选产品与目标用户需求的匹配情况，进而选出了主推款产品。

第一步 **分析目标用户的四大需求**

小艾根据目标用户画像的相关信息，分析了目标用户的功能需求、审美需求、情感需求和社会需求。

- **功能需求。** 从功能方面来看，吉辰的目标用户属于中高端消费群体，对于皮鞋的功能需求已经不限于日常穿着、御寒、保护足部等常规功能，更关注皮鞋穿着时的舒适度，因而希望皮鞋能柔软、贴脚，具有透气、防滑，甚至增高等功能。

- **审美需求。** 在当今时代，用户不仅希望产品能满足实用方面的需求，还要求产品的外观设计、外包装等能符合自己的审美偏好。对于吉辰的目标用户而言，皮鞋的外观设计不仅要美观大方，符合时尚潮流，而且要易于穿搭，容易与衣服、裤子、背包等搭配形成统一的整体风格。

- **情感需求。** 情感需求源于用户的心理诉求，即用户希望满足某种情绪的表达。吉辰的目标用户主要分布在一线、新一线城市，平时生活节奏快、工作压力大，十分渴望轻松悠闲、自由自在的状态，希望穿着皮鞋时自己能呈现放松的状态，从而释放压力。

- **社会需求**。社会需求是指在与他人的社会交往中获得认同的需求。吉辰的目标用户的学历水平相对较高，生活在经济发达、文化开放的城市，更追求高品质的生活和精致的个人形象。他们希望借由皮鞋彰显个人的身份、地位和经济实力，在社会交往过程中给他人留下良好的印象，从而传达自己的个性和价值，并增强自信。

第二步 分析备选产品与目标用户需求的匹配情况

小艾分别将目标用户的四大需求与 3 款皮鞋进行了匹配，结果如下。

- **功能需求**。3 款皮鞋的功能都比较全面，圆头休闲皮鞋还额外具备增高功能。
- **审美需求**。镂空休闲皮鞋的款式设计可能不符合目标用户的审美，而圆头休闲皮鞋和尖头正装皮鞋的外观均比较美观时尚，其中圆头休闲皮鞋更经典百搭，适用的场合更多。
- **情感需求**。圆头休闲皮鞋和镂空休闲皮鞋穿着时的舒适度高，较能满足目标用户对轻松悠闲状态的追求，而尖头正装皮鞋会使脚部有一定的束缚感，更适合严肃、正式的商务场合，因而无法满足目标用户的休闲需求。
- **社会需求**。圆头休闲皮鞋和尖头正装皮鞋均采用精选牛皮制作，品质较好，能满足目标用户的社会需求。镂空休闲皮鞋由于材质和款式设计的原因无法满足目标用户这方面的需求。

因此，综合来看，圆头休闲皮鞋与目标用户需求的匹配度最高，小艾决定选择该款皮鞋作为主推款。

活动二　挖掘网络推广产品卖点

产品卖点就是产品具有的与众不同的特点、特色，涉及产品的品质、包装、性能等方面。符合用户需求的产品卖点有助于快速激起用户的购物欲望。小艾决定以用户需求为基础，挖掘吉辰圆头休闲皮鞋的卖点。

第一步 明确挖掘产品卖点的方法

小艾打算运用 FAB 法则来挖掘产品卖点。FAB 法则即属性（Feature）、作用（Advantage）和益处（Benefit）法则。FAB 法则中 F、A、B 所代表的含义具体如下。

- **F**。F 代表产品的特征、特点。网络推广人员应该主要从产品的属性、功能等角度来挖掘产品卖点，如超薄、体积小、防水等。

- A。A代表产品的特征所发挥的优点及作用。网络推广人员需要从用户的角度来思考用户看重什么、用户心中有什么疑虑等，然后针对具体问题从产品特色和优点的角度来提炼卖点，如产品是否方便携带、电池是否耐用等。

- B。B代表产品的特色和优点带给用户的益处。网络推广人员应该以用户利益为中心，强调用户能够得到的利益，以激发用户的购物欲望，如视听享受、价格低等。

一般来说，产品的属性是比较直观的，因此挖掘产品卖点的简便方法就是从产品的属性入手，找到每一个属性对应的作用和益处。

第二步 挖掘产品卖点

小艾根据 FAB 法则，挖掘了圆头休闲皮鞋的 5 个卖点，如表 2-4 所示。

表 2-4 圆头休闲皮鞋的卖点

序号	F	A	B
1	采用精选牛皮制作（见图 2-38）	柔软、耐磨	彰显品质，体现个人品位
2	鞋底采用高耐磨橡胶制作，并且有防滑底纹（见图 2-39）	轻便防滑，减轻行走带来的疲惫感	带来舒适的行走体验
3	独特的鞋面设计	耐折	久穿如新，营造精致形象
4	加厚鞋跟设计（见图 2-40），后帮低矮，倾斜度符合人体工程学	隐形增高	调节人体比例，增加自信
5	知名设计师作品	时尚美观	经典穿搭单品，呈现个人穿着风格

图2-38 采用精选牛皮制作

图2-39 防滑底纹

图2-40 加厚鞋跟

💬 任务评价

完成该任务后，请同学们按表 2-5 所示的内容填写任务实施情况。

表 2-5　任务评价

序号	评分内容	分值	自评得分
1	能够基于目标用户画像分析目标用户的需求	40 分	
2	能够基于目标用户需求挖掘产品卖点	60 分	

问题与总结：

合计：＿＿＿＿＿＿＿＿

✖ 拓展任务

现有一款炒锅，由具有良好耐热性、耐蚀性的 304 不锈钢制成。钢体结构有 7 层，包括最底层的菱形纹蜂窝不粘层和纳米钛黑生物膜，这样的结构让这款炒锅的不粘、无烟效果达到了全新的高度。这是因为在菱形纹蜂窝不粘层的分隔作用下，食物与锅面的接触面积减少了，从而形成了气体悬浮，使这款炒锅成了真正的自离式不粘锅。请同学们使用 FAB 法则挖掘该款炒锅的卖点。

项目总结

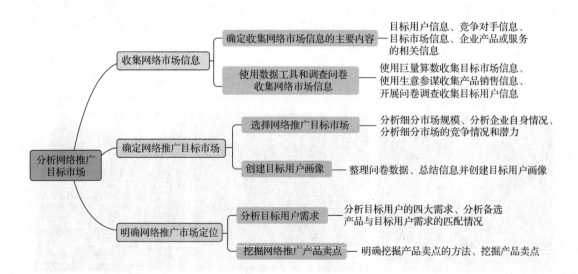

项目三
使用平台推广工具

职场情境

　　四川欣香田有限公司（以下简称欣香田）于2017年6月11日创立。创始人陈强是一名返乡大学生，2016年，他从成都某大学毕业后，响应国家鼓励大学生回乡创业的号召，回到了自己的家乡蒲江县种植水果。欣香田成立以后，先后种植了丑橘、血橙、猕猴桃、枇杷等水果。2021年10月，欣香田的自有种植园面积达到1200亩（1亩约为666.7平方米）。近年来，农村电商受到国家大力扶持，发展迅速，欣香田也顺势在淘宝、拼多多、有赞、抖音等平台开设了店铺，目前店铺正处于运营初期，需要开展推广活动以提高销量。此外，欣香田还希望借助网络推广来提升品牌影响力。

　　特迅运营收到欣香田的委托后，安排李经理带着小艾使用淘宝、百度、拼多多、有赞等平台的推广工具来为欣香田做推广。

学习目标

 知识目标

1. 掌握淘宝推广工具的相关操作。
2. 理解百度推广工具的相关知识。
3. 掌握拼多多推广工具的相关知识。
4. 掌握有赞和抖音推广工具的使用方法。

技能目标

1. 能够使用直通车、引力魔方和淘宝联盟推广商品。
2. 能够通过在百度百科中新建词条、在百度知道中回答问题、在百度文库中上传文档以及在百度贴吧中发布帖子来进行推广。
3. 能够使用拼多多的多多搜索和多多场景、有赞的"公众号流量推广"工具、抖音的"DOU+"推广商品。

素养目标

1. 遵守电子商务相关法律法规和平台规则等要求。
2. 增强推进网络推广活动的执行力。
3. 加深对国家和社会各界大力支持农村发展的认识。

任务一　使用淘宝推广工具

任务描述

　　欣香田淘宝店在刚开设的几个月内，受到了淘宝的流量扶持，店铺的发展势头良好。扶持期结束后，店铺的流量有所回落，于是欣香田希望小艾使用淘宝推广工具为店铺获取更多流量，以快速提高店铺中丑橘、血橙的销量，并要求小艾设计精准的推广计划，把推广成本控制在 7.5 万元以内。其中，推广丑橘的直通车预算不超过 3 万元，推广血橙的引力魔方预算不超过 1.5 万元，推广丑橘的淘宝联盟预算不超过 3 万元（丑橘是重点商品，通过直通车和淘宝联盟共同推广，预算稍高）。

任务实施

活动一 使用直通车推广

微课视频

使用直通车推广

小艾决定先使用直通车为店铺的丑橘获取流量，并将推广预算控制在 3 万元以内。她新建了直通车推广计划、设置了日限额（150 元）、投放时间（按行业模板投放），并针对性地添加了关键词和宝贝定向人群，同时为了提升竞争力，还适当提高了关键词出价（在系统推荐出价的基础上提高了 5%）。

第一步 新建推广计划并选择推广方式

直通车的推广是以单个计划为单位开展的，小艾首先需要通过千牛卖家中心进入直通车后台，为丑橘新建标准推广计划并选择推广方式，具体操作如下。

步骤 01 进入千牛卖家中心，在左侧列表中单击"推广"选项卡，在打开的页面中单击"直通车"对应的 立即投放 按钮。在打开的直通车首页中，将鼠标指针移到页面顶端的"推广"选项上，在打开的列表中选择"标准计划"选项，如图3-1所示。

步骤 02 进入标准计划推广页面，单击 +新建推广计划 按钮，打开标准计划推广设置页面，选择"标准推广"推广方式，如图3-2所示。

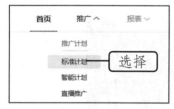

图3-1 选择"标准计划"选项

图3-2 选择推广方式

步骤 03 在"投放设置"面板中的"计划名称"文本框中输入"丑橘推广"。

第二步 进行投放设置

投放设置主要包括日限额、投放方式、投放位置、投放地域和投放时间等的设置。小艾为了控制投放成本，设置了日限额，然后选择投放方式为智能化均匀投放，让系统根据花费情况自动调整商品展现情况，增强投放效果，再根据丑橘的流量时间段分布情况设置了投放时间，具体步骤如下。

步骤 01 在"投放设置"板块中单击选中"有日限额"单选项，在数值框中输入"150"，在"投放方式"栏中单击选中"智能化均匀投放"单选项，如图3-3所示。

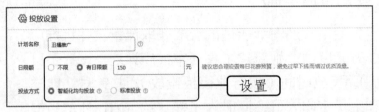

图3-3　设置日限额和投放方式

步骤 02 在"投放设置"面板中单击"高级设置"栏后的"设置'投放位置/地域/时间'"超链接，打开"高级设置"对话框，单击"投放时间"选项卡，默认选中"行业模板"单选项，在右侧的下拉列表中选择"水产肉类/新鲜蔬果/熟食"选项，系统将自动设置不同时间段的出价，单击 确定 按钮保存设置，如图3-4所示。单击对话框右上角的✕按钮，关闭"高级设置"对话框。

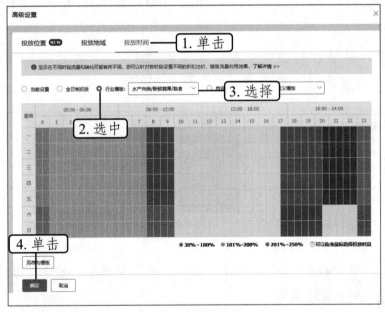

图3-4　设置投放时间

第三步 进行单元设置

单元设置即为推广计划添加商品。小艾在"单元设置"面板中单击 添加宝贝 按钮，打开"添加宝贝"对话框，在"全部"选项卡中选中丑橘商品前的复选框，单击 确定 按钮，如图3-5所示，完成商品的添加。

图3-5　添加商品

第四步 设置关键词、出价和宝贝定向人群

　　直通车推广的效果与选择的关键词、宝贝定向人群密切相关。小艾添加了与丑橘有关的关键词，并设置了关键词出价，然后设置了宝贝定向人群，具体操作如下。

步骤 01 单击 进一步添加关键词和人群 按钮，打开推广方案设置页面。在"推荐关键词"板块中单击 更多关键词 按钮，如图3-6所示。打开"添加关键词"对话框，在"词包推荐"选项卡中单击选中"丑橘""新鲜丑橘""四川丑橘"复选框，然后单击 确定 按钮，完成关键词的添加，如图3-7所示。

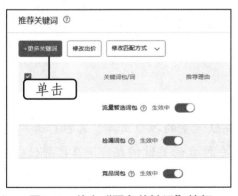

图3-6　单击"更多关键词"按钮

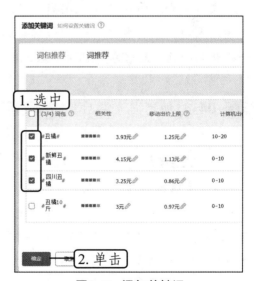

图3-7　添加关键词

步骤 02 在"推荐关键词"板块中单击 修改出价 按钮，在打开的"批量修改出价"对话框中单击选中"提高/降低出价百分比"单选项，设置为"提高"，

在数值框中输入"5"，单击 确定 按钮，如图3-8所示。

步骤 03 在"推荐人群"板块中单击 +更多精选人群 按钮，打开"添加精选人群"对话框。单击"自定义添加"选项卡，选择"宝贝定向人群"选项卡，选择所有人群，如图3-9所示，单击 确认添加 按钮添加人群。

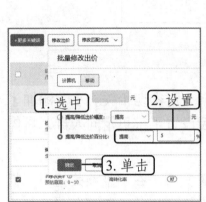

图3-8 批量修改出价

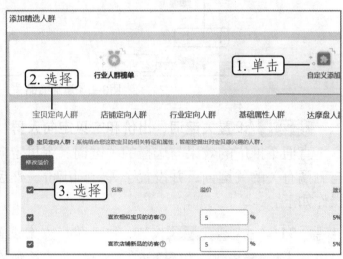

图3-9 添加宝贝定向人群

经验之谈

宝贝定向人群是淘宝根据商品的相关特性和属性，智能化挖掘出的对商品感兴趣的人群，主要包括喜欢相似宝贝的访客和喜欢店铺新品的访客。前者不适合进行新品投放，后者容易产生收藏、加购行为，适合进行新品投放。

步骤 04 添加定向人群后单击 完成推广 按钮，完成直通车推广方案的创建。

知识窗

1. 直通车的推广机制

直通车是一款能够帮助商家快速、有效获取流量的推广工具，其推广形式是商家通过设置关键词来推广商品，淘宝根据用户搜索的关键词在直通车广告位（淘宝App中的直通车广告位如图3-10所示）展示相关商品，用户点击商品产生流量，淘宝按照相应的商品点击数收费。例如，一家经营草莓的店铺，在新建直通车推广计划时设置了一款草莓的推广关键词为"巧克力草莓"，并设置了关键词出价，当用户在淘宝中搜索"巧克力草莓"时，该商品就可能出现在直通车广告位，被用户看到并点击。

图3-10　淘宝App中的直通车广告位

商家可以根据实际需要，按时间和地域来控制推广费用，精准定位目标用户群体，降低推广成本，提高店铺的流量，最终达成提高销售额的目的。

2. 直通车的排名

直通车排名由关键词出价和质量分综合决定。直通车排名越靠前，展示就越靠前。

- **关键词出价。**关键词出价越高，在质量分相同的情况下，直通车排名就越靠前。

- **质量分。**质量分是根据推广创意的效果、关键词与商品的相关性、用户体验等因素综合评定的分数。质量分是参与直通车的商家必须关注的重要因素，较高的质量分可以让商家在花费更少的推广费用的同时，获得更靠前的排名。

活动二　使用引力魔方推广

为丑橘进行直通车推广后，小艾接着将使用引力魔方为店铺的血橙开展为期15天的推广，推广预算不超过1.5万元。目前，淘宝提供了投放管家功能，小艾只需要在新建推广计划后选择商品，设置出价（按市场平均价出价）、每日预算（1000元）即可，具体操作如下。

微课视频

使用引力魔方推广

步骤 01 进入千牛卖家中心，在左侧列表中单击"推广"选项卡，在打开的页面中单击"引力魔方"对应的 立即开启 > 按钮。在打开的页面中的"计划名称"文本框中输入"血橙推广"。

步骤 02 在"设置计划"板块的"主体选择"栏中单击选中"自定义商品"单选项，单击 选择宝贝 按钮，如图3-11所示。在打开的"选择宝贝"对话框中单击血橙对应的 添加 按钮，然后单击 确定 按钮，如图3-12所示。

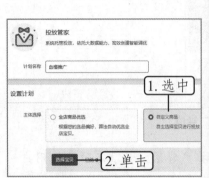

图3-11 主体选择

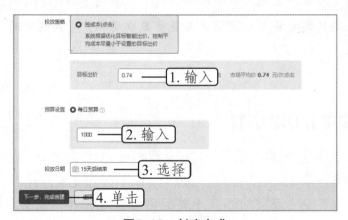

图3-12 选择商品

步骤 03 在"投放策略"栏下的"目标出价"数值框中输入"0.74"，在"预算设置"栏下的"每日预算"数值框中输入"1000"，单击"投放日期"下拉列表，在打开的列表中选择"15天后结束"选项，单击 下一步，完成创建 按钮，如图3-13所示，完成引力魔方推广计划的创建。

图3-13 创建完成

💡 **知识窗**

引力魔方是淘宝于2021年上线的推广工具，商家通过出价竞争优质广告位。目前，引力魔方融合了焦点图广告和信息流广告两种形式，拥有淘宝移动端的首页焦点图广告（见图3-14）、首页/"购物车"/"支付成功"界面的"你可能还喜欢"信息流广告（见图3-15）等广告位。

图3-14 淘宝移动端的首页焦点图广告　图3-15 "你可能还喜欢"信息流广告

💡知识窗

🖊动手做

比较直通车和引力魔方的广告位

请同学们完成以下任务。

1. 打开淘宝 App，搜索"豆浆机"，在搜索结果界面中找出直通车广告位。
2. 打开淘宝 App，在首页和"购物车"界面找出引力魔方广告位。
3. 说说直通车和引力魔方的广告位有什么区别。

👤活动三 使用淘宝联盟推广

淘宝联盟是专为淘宝商家服务的推广工具，推广主要由淘客完成，商家需要支付淘客一定的推广费用（按销售额乘以佣金率计算）。小艾认为淘宝联盟以实际销售额为基础计算费用，不容易浪费推广资金，因此她决定加入淘宝联盟。小艾首先设置全店通用佣金率为 1.6%，再为丑橘建立单品推广计划，以进一步提高丑橘的销量，具体的推广时间为 3 月 1 日—3 月 15 日，佣金率为 2%（随时关注总佣金，将其控制在 3 万元以内），具体操作如下。

微课视频

使用淘宝联盟推广

步骤 01 进入千牛卖家中心，在左侧列表中单击"推广"选项卡，在打开的页面中单击"淘宝联盟"选项卡，如图3-16所示。

步骤 02 在打开的"快捷加入"页面中单击"开通'支付宝代扣服务'"栏下的"立即授权"超链接，在打开的页面中输入支付密码和校验码，单击 同意协议并提交 按钮，如图3-17所示。

图3-16 单击"淘宝联盟"选项卡

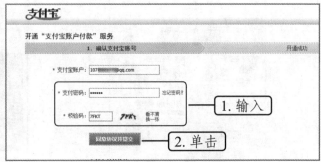

图3-17 确认支付宝账号

步骤 03 此时将自动返回"快捷加入"页面，并显示"您已完成支付宝授权"，然后单击"设置通用计划佣金率"栏下的"立即设置"超链接，在打开的对话框中设置通用计划佣金率为1.6%，单击 确定 按钮，如图3-18所示。单击选中"快捷加入"页面下方的复选框，单击 立即开通 按钮。在打开的页面中将提示入驻成功，单击 返回首页 按钮。

步骤 04 在打开的淘宝联盟首页中单击"添加单品推广"对应的 立即推广 按钮，在打开的页面中单击 添加主推商品 按钮，如图3-19所示。

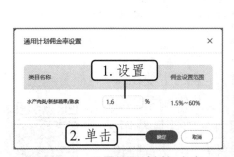

图3-18 设置通用计划佣金率

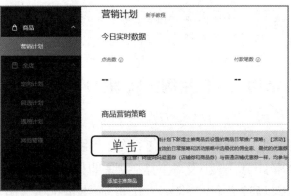

图3-19 添加主推商品

步骤 05 在打开的对话框中输入联系人信息，单击选中下方的"我已阅读并同意《联系方式填写须知》"复选框，单击 下一步 按钮，如图3-20所示，然后单击右上角的×按钮关闭对话框。在打开的"添加主推商品"对话框中选择血橙，单击 确定 按钮，如图3-21所示。

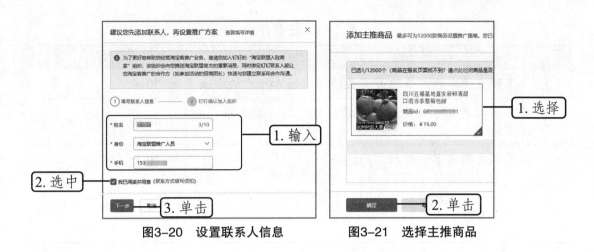

图3-20 设置联系人信息 　　　　图3-21 选择主推商品

步骤 06 在打开的页面中单击日期，在展开的面板中单击"不限"对应的灰色框，设置结束时间为3月15日，单击 确定 按钮，在"佣金率"数值框中输入"2"，如图3-22所示。单击 保存设置 按钮，完成单品推广计划的创建。

图3-22 设置结束日期和佣金率

- -

📋 **经验之谈**

　　淘客是通过淘宝联盟接单，为商家推广商品，吸引用户购买商品，促成商品成交的一类人。商家可以设置较高的佣金，选择高性价比、质量有保证的商品，以吸引优质淘客。此外，商家还可以在各大社交平台上发招募贴，或加入相应的淘客QQ群、微信群，主动挖掘优质淘客。

💬 **任务评价**

　　完成该任务后，请同学们按表3-1所示的内容如实填写任务实施情况。

表 3-1　任务评价

序号	评分内容	分值	自评得分
1	了解直通车的广告位并掌握使用直通车推广的方法	20 分	
2	了解引力魔方的广告位并掌握使用引力魔方推广的方法	40 分	
3	掌握使用淘宝联盟推广的方法	40 分	

问题与总结：

合计：_____

✖ 拓展任务

请同学们完成以下任务。

（1）进入直通车首页，将鼠标指针移到上方导航栏的"工具"选项处，在打开的列表中选择"流量解析"选项，在打开的页面中搜索"丑橘"，查看该关键词的热度变化情况，如图 3-23 所示。

（2）进入千牛卖家中心，在左侧列表中选择"推广/引力魔方"选项，在打开的页面中单击 前往引力魔方官网 按钮，进入引力魔方官网首页，在上方的导航栏中选择"报表"选项，在打开的页面中查看引力魔方近期的推广数据报表。

图3-23　查看关键词热度

任务二 使用百度推广工具

任务描述

使用淘宝推广工具推广店铺商品后，店铺的商品销量有了一定的提高。小艾接下来决定使用百度百科、百度知道、百度文库和百度贴吧进行推广，主要利用百度百科来树立品牌形象，在百度知道、百度文库和百度贴吧发布有价值的内容，并植入品牌营销信息，加深欣香田在用户心中的印象，进而提高欣香田的品牌知名度。

任务实施

活动一 使用百度百科推广

百度百科是一部内容开放的网络百科全书，人人都可以编辑，其词条通常排列在百度相关关键词搜索结果的靠前位置。小艾在百度中搜索"欣香田"后发现，很难在较短时间内找到关于欣香田的信息，因此决定利用欣香田提供的品牌相关资料，在百度百科中创建欣香田这一品牌的词条，提高欣香田的品牌曝光度，具体操作如下。

步骤 01 进入百度首页，单击右上角的 登录 按钮，在打开的对话框中单击"短信登录"选项卡，输入手机号和验证码，单击 登录 按钮，即可成功注册并登录百度账号。

步骤 02 在百度中搜索"百度百科"，进入百度百科官网，单击 创建词条 按钮，如图3-24所示。在打开的"创建引导页"页面中单击 百科资深用户，无须引导直接编写 按钮。在打开页面的"词条名"文本框中输入"欣香田"，单击 创建词条 按钮，如图3-25所示。

图3-24 单击"创建词条"按钮

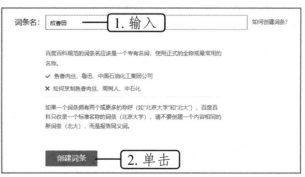

图3-25 创建词条

步骤 03 在打开的"词条类型"页面中选择"生活"选项，在下方出现的列表中选择"品牌"选项，然后单击 确定 按钮，如图3-26所示。

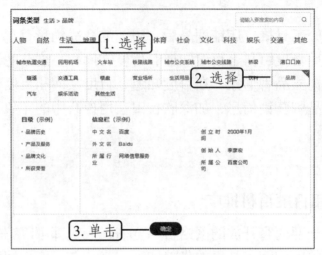

图3-26　选择词条类型

步骤 04 在打开的对话框中单击 就过引导 按钮，在打开页面中的"义项名"文本框中输入"水果品牌"，在该文本框的下方输入对欣香田的介绍，然后单击 添加概述图册 按钮，如图3-27所示。

步骤 05 在打开的"编辑图册"页面中单击 本地上传 按钮，在打开的"打开"对话框中选择欣香田Logo图片、种植园图片（配套资源：\素材\项目三\欣香田Logo.png、种植园图片1～2.jpg），单击 打开(O) 按钮。

步骤 06 返回"编辑图册"页面，单击"添加封面"按钮，如图3-28所示，在打开的"设置封面"页面中单击欣香田Logo图片的缩略图，在打开的页面中默认系统设置的封面显示比例，单击右上角的 确定 按钮。返回"编辑图册"页面，单击右上角的 确定 按钮。

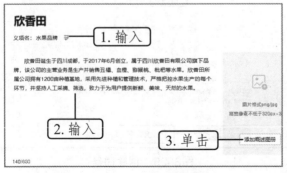

图3-27　输入义项名和词条概述

图3-28　单击"添加封面"按钮

步骤 07 在"信息栏"板块中输入欣香田的中文名、创立时间、创始人、所属行业和所属公司，如图3-29所示。

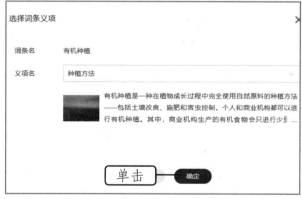

信息栏 (注：未填写内容的信息项将不会显示在词条页上)

中 文 名	欣香田	创立时间	2017 / 6 / 11
外 文 名		创始人	陈强
所属行业	生鲜	所属公司	四川欣香田有限公司

增加信息项

图3-29　设置信息栏

步骤 08 将鼠标指针移到"正文"板块下的"品牌历史"栏所在行，按【Enter】键，系统将自动在下方新增一行，然后输入对欣香田品牌历史的介绍。用同样的方法在"产品及服务""品牌文化"栏下方输入相应内容，如图3-30所示。

步骤 09 选择"品牌历史"栏下的"有机种植"关键词，在出现的工具栏中单击"内链"按钮 🔗，在打开的"选择词条义项"对话框中单击 **确定** 按钮，如图3-31所示。为"有机种植"关键词添加其对应的百度百科链接，便于用户在阅读时进一步了解详情。添加内链后的关键词将显示为蓝色，且带有蓝色下划线。

正文 (注：未填写内容的正文栏将不会显示在词条页上)

品牌历史
2016年7月，创始人陈强从成都XX大学毕业，决定响应国家号召返乡创业，支持农村建设；
2017年6月，四川欣香田有限公司创办；
2017年7月，品牌推出第一款丑橘产品；
2018年3月，品牌推出血橙、水蜜桃等产品，同时引进了国内外先进种植管理技术；
2019年5月，品牌推出了有机种植的丑橘、血橙等产品，深受用户欢迎；
2021年10月，品牌扩建原有种植园，自有种植园面积达到1200亩；
2022年2月，品牌推出新一代丑橘产品，其销售额突破20万元。

产品及服务
采用零农药、零激素种植的丑橘
香甜多汁的红心猕猴桃
超大果朱砂红水蜜桃
皮薄肉厚的枇杷
品牌文化
品牌愿景：让更多人享受高品质水果
品牌价值观：诚信、肯干、感恩

图3-30　输入词条正文

选择词条义项

词条名　有机种植

义项名　种植方法

有机种植是一种在植物成长过程中完全使用自然原料的种植方法——包括土壤改良、施肥和害虫控制，个人和商业机构都可以进行有机种植。其中，商业机构生产的有机食物会进行少量……

单击　确定

图3-31　添加内链

步骤 10 单击右上角的 **预览** 按钮，在打开的页面中预览词条效果，确认无问题后返回词条编辑页面，单击右上角的 **提交** 按钮提交词条，审核通过后即可发布。

📖 **经验之谈**

　　单击词条编辑页面右侧的"优秀示例"超链接，在打开的页面中可以查看百度提供的品牌类词条模板。网络推广人员在编辑词条时可以参考该模板。

👤 活动二　使用百度知道推广

　　百度知道是百度旗下的中文问答互动平台，平台中的内容以问题和答案的形式出现，用户可以根据自身需求提出问题，也可以回答、关注感兴趣的问题。小艾决定使用百度知道推广欣香田，提高其品牌知名度。她认为，使用百度知道推广主要是通过有价值的信息吸引用户关注，具体方法是找到一个与水果相关的问题，然后在问题下发布回答，并植入欣香田及商品的营销信息。

第一步　找到需要回答的问题

　　小艾认为，在为欣香田开展百度知道推广时，可以围绕水果的味道、吃法、产地、营养价值等用户关心的角度搜寻相关问题。于是，她从欣香田的主打产品——丑橘切入，在百度中搜索了"丑橘产地"，在搜索结果页面中单击搜索框下方的"知道"选项卡，在打开的页面中查看了与之相关的问题及问答，如图 3-32 所示。

图3-32　百度知道搜索结果

　　小艾认为"正宗丑橘的产地是哪里？"这个问题便于植入营销信息，她在回答这个问题时可以从产地的角度切入，自然过渡到对欣香田生产的丑橘的介绍，并进一步介绍欣香田这一品牌。

第二步　撰写回答

　　相对于其他平台的内容，百度知道上的回答更加严肃、严谨。小艾查阅了相关资料，结合欣香田给出的商品介绍信息，撰写了一篇"正宗丑橘的产地是哪里？"问题的回答。

在该回答中，小艾首先简单介绍了丑橘，包括丑橘名字的由来、丑橘的特点，然后回答了丑橘的产地在四川省蒲江县，进而介绍了该地的气候、地理条件等，以及该地丑橘的优点，强调该产地适合丑橘的生长；接着，她又提醒用户在购买丑橘时要注意挑选，并转而引出对欣香田及其生产的丑橘的介绍。小艾写好的回答内容如图3-33所示。

> 丑橘是橘子的一种，其外皮粗糙、不平整、有较多疙瘩，因此而得名。别看丑橘外表丑，但它的果肉细腻，汁水充盈，比普通橘子的口感更甜，因此备受大家喜爱。
>
> 丑橘于2000年从国外引入我国，目前国内较大的产地是四川省蒲江县。蒲江县气候独特，雨量充沛，昼夜温差大，无霜期短，土壤肥沃，十分适合丑橘的种植。
>
> 现在市面上的丑橘良莠不齐，大家在购买时一定要注意挑选。当然，很多人不会挑选，那么购买品牌商家的丑橘就是不错的选择，比如欣香田的丑橘。欣香田的丑橘不仅口感好、新鲜，而且个大汁多、果肉细腻、甜度高，我们一家人都爱吃。欣香田是蒲江县很有实力的水果公司，采用有机种植，不使用任何化肥和激素，每年产出大量优质水果，受到很多人的喜爱。

图3-33 写好的回答内容

第三步 **发布回答**

写好回答后，小艾就准备将其发布在"正宗丑橘的产地是哪里？"问题下方，具体操作如下。

微课视频

发布回答

步骤 01 单击问题"正宗丑橘的产地是哪里？"对应的超链接，在打开的页面中单击 按钮，如图3-34所示，在下方展开的编辑框中输入回答内容（配套资源：\素材\项目三\百度知道回答.txt）。

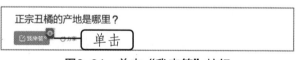

图3-34 单击"我来答"按钮

步骤 02 将鼠标指针定位到编辑框的最后一行，按【Enter】键，在编辑框上方的工具栏中单击"图片"按钮 ，在打开的对话框中单击"本地上传"按钮 ，如图3-35所示。打开"打开"对话框，选择欣香田种植园的图片（配套资源：\素材\项目三\种植园图片2.jpg），单击 按钮，然后单击 按钮。

步骤 03 编辑框中将显示插入的图片，在"请点击输入图片描述"文字处单击，文字将变为蓝色，输入"欣香田种植园"，然后单击 按钮即可提交回答，如图3-36所示。

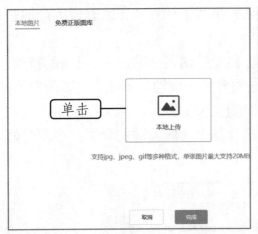

图3-35　单击"本地上传"按钮

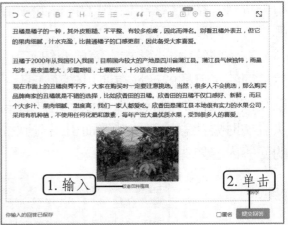

图3-36　提交回答

动手做

了解百度百科和百度知道

请同学们完成以下任务。

1. 进入百度百科首页，在"热搜词条"板块中查看当前的热门词条。在上方的搜索框中输入"长征八号"，按【Enter】键，在打开的页面中查看其词条内容，了解我国的航天事业。

2. 进入百度知道首页，单击右上角的 我要提问 按钮，在打开页面的文本框中输入"2022年中央一号文件中有哪些与农产品电商相关的内容"，单击 发布 按钮发布问题。

活动三　使用百度文库推广

百度文库是百度旗下的在线互动式文档分享平台，拥有超10亿份文档资料。百度文库的内容在百度搜索结果中拥有较高的排名，其中的优质文档有较高的曝光度。因此，小艾决定在百度文库中上传植入欣香田营销信息的文档，加深阅读文档的用户对欣香田的印象。

第一步　确定推广策略

小艾了解到，百度文库强调文档内容的实用性、可读性，营销气息很浓的文档在上传后是不会被百度文库收录的。因此，小艾决定制作一篇关于制作水果甜点的文档，通过实用的内容吸引用户阅读并下载，然后借助文档中的页眉页脚、图片水印等元素来间接地传播欣香田的品牌信息。

经验之谈

目前百度文库对于文档的审核十分严格，包含链接、QQ号、微信号、电话号码等的文档很难通过审核。

第二步 准备相关资料

小艾收集了相关资料，选择了4种制作方法简单的水果甜点（香蕉卷、草莓奶昔、糯米苹果饼、冰糖雪梨），详细介绍了每种水果甜点的主料、辅料和做法，并制作了带有水印的图片，具体操作如下。

微课视频

准备相关资料

步骤 01 新建一个文本文档，输入以下内容，如图3-37所示，完成后将文档保存为"百度文库文档.txt"。

---

1. 香蕉卷
主料：香蕉2根、馄饨皮8张。
辅料：油适量、蜂蜜少许。
做法如下。
（1）香蕉去皮，切去头尾，每根切成4等份。
（2）在馄饨皮的周边涂抹少许水，将香蕉平放在馄饨皮的正中间。
（3）用馄饨皮包住香蕉，轻轻压一下两边的皮，并完全裹住香蕉。
（4）在锅里放油，待油七八成热时将香蕉卷放入锅中，将其炸至略微泛金黄色。
（5）在炸好的香蕉卷上淋上少许蜂蜜即可。

2. 草莓奶昔
主料：草莓500克、牛奶500毫升。
辅料：炼乳2汤匙。
做法如下。
（1）用自来水冲洗干净草莓，然后去蒂。
（2）将草莓切成小块，放入冰箱冷冻室1~2小时。
（3）将冻好的草莓块放入料理机，再加入牛奶、炼乳。
（4）将料理机调到合适的模式，启动半分钟，将草莓打成糊状即可。

3. 糯米苹果饼
主料：苹果2个、鸡蛋4个。
辅料：40克白糖、糯米粉250克、淀粉和面包糖适量。
做法如下。
（1）将洗净的苹果切成小丁，打入2个鸡蛋、40克白糖，搅拌均匀。
（2）少量多次加入糯米粉，直到面团可以揉搓成形。
（3）取一小块面团，搓圆后压成一个小饼，再按照同样的方法将剩余面团压成小饼。
（4）打2个鸡蛋搅散，准备适量淀粉和面包糖。
（5）依次为每个小饼裹上一层淀粉、鸡蛋液和面包糖。
（6）在平底锅中倒入适量油，放入小饼，用中小火将小饼煎至两面金黄焦脆即可。

4. 冰糖雪梨
主料：梨1个。
辅料：蜂蜜少许、冰糖适量。
做法如下。
（1）将梨从顶部横向切出一小部分作为盖儿。
（2）挖去梨核，放入适量冰糖，把切下来的盖儿盖上。
（3）把整个梨放入较深的容器中，放入蒸锅中蒸15分钟。
（4）关火，淋上蜂蜜。

图3-37 文档内容

步骤 02 在百度中搜索"美图秀秀网页版"，进入美图秀秀官网首页，单击右上角的 注册登录 按钮，在打开的对话框中输入手机号和验证码，单击 登录 按钮完成登录。单击首页中的"图片编辑"按钮，在打开的页面中单击 上传图片 按钮，打开"打开"对话框，选择需要上传的图片（配套资源：\素材\项目三\香蕉卷.png），单击 打开(O) 按钮。

步骤 03 在打开的页面中单击"文字"选项卡，在打开的页面中单击"水印"栏的"全部"超链接，在打开的列表中选择图3-38所示的水印样式。此时右侧图片中将显示添加的水印样式，双击其中的文字，将文字内容修改为"好吃的水果来自欣香田"，选择整个水印，将其拖动到图片右下角，效果如图3-39所示。

┌───┐
🔲 **经验之谈**

　　需要注意的是，水印内容应该尽可能含蓄，不能直接展示微信号、手机号、邮箱地址等联系方式。
└───┘

图3-38　选择水印样式

图3-39　添加水印后的效果

步骤 04 单击右上角的🖫按钮，在打开的"导出"对话框中设置文件名称为"香蕉卷-水印"，单击 确定导出 按钮，导出添加水印后的图片。

步骤 05 按照相同的方法为其他图片（配套资源：\素材\项目三\草莓奶昔.png、糯米苹果饼.png、冰糖雪梨.png）添加水印。

第三步　制作推广文档

　　接着，小艾需要将准备好的文字和图片制作成推广文档，并设置页眉页脚，具体操作如下。

微课视频

制作推广文档

步骤 01 新建一个Word文档，粘贴准备好的文字内容（配套资源：\素材\项目三\百度文库文档.txt），将鼠标指针定位到"1.香蕉卷"段落的最后，按【Enter】键插入一行，单击【插入】/【插图】组中的"图片"按钮 🖾，在打开的"打开"对话框中选择需要的图片（配套资源：\素材\项目三\香蕉卷-水印.png），单击 打开(O) 按钮插入图片。用相同的方法在"2.草莓奶昔""3.糯米苹果饼""4.冰糖雪梨"段落后插入相应图片（配套资源：\素材\项目三\草莓奶昔-水印.png、糯米苹果饼-水印.png、冰糖雪梨-水印.png）。适当调整图片的大小和位置，部分效果如图3-40所示。

步骤 02 单击【插入】/【页眉和页脚】组中的"页眉"按钮，在打开的列表中选择"积分"选项，如图3-41所示，将页眉的标题修改为"好吃的水果来自欣香田"。

图3-40　添加图片后的效果

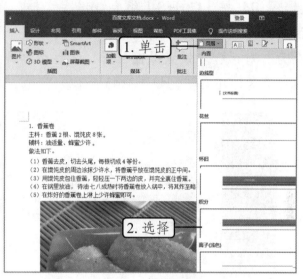

图3-41　选择页眉

步骤 03 单击【页眉和页脚工具-页眉和页脚】/【页眉和页脚】组中的"页脚"按钮，在打开的列表中选择"积分"选项，将页脚的标题修改为"欣香田制作"。设置好后单击【页眉和页脚工具-页眉和页脚】/【关闭】组中的"关闭页眉和页脚"按钮，设置好的页眉页脚效果如图3-42所示。

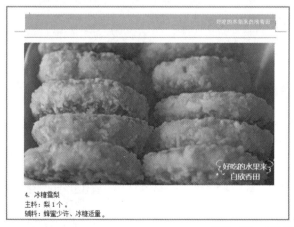

图3-42　页眉页脚效果

经验之谈

根据百度文库要求，页眉页脚中不能加入企业 Logo 和网址。

步骤 04 按【Ctrl+S】组合键保存文档，单击"文件"选项卡，在打开的界面中选择"另存为"选项，在打开的界面中选择"浏览"选项，在打开的"另存为"对话框中设置保存位置、文件名和保存类型，然后单击 保存(S) 按钮，将其另存为PDF文档，如图3-43所示。

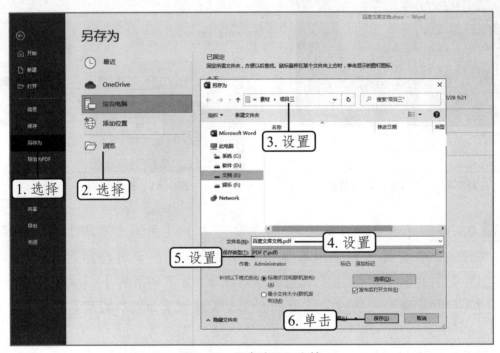

图3-43　另存为PDF文档

经验之谈

在百度文库中，PDF、PPT 等格式的文档更能保证用户的阅读体验，因此我们可以将 Word 文档另存为 PDF 文档。

第四步 上传推广文档

制作好推广文档后，小艾将其上传到了百度文库中，具体操作如下。

步骤 01 进入百度文库首页，单击右上角的"上传文档"超链接，在打开的提示对话框单击 开通店铺 按钮。

微课视频

上传推广文档

步骤 02 在打开的页面中选择账号类型，这里单击"个人"对应的 选择 按钮，在打开的页面中设置店铺Logo、店铺名称和店铺简介，单击 下一步 按钮，如图3-44所示。

步骤 03 在打开的页面中单击"点击上传身份证人像面"缩略图，在打开的"打开"对话框中选择相应图片后单击 打开(O)▼ 按钮。单击"点击上传身份证国徽面"缩略图，按照同样的方法上传相应图片。系统将自动识别身份信息，并填写"姓名""身份证号"栏，单击 提交 按钮提交开通文库知识店铺的申请。

步骤 04 返回百度文库首页，将鼠标指针移到用户名处，在打开的列表中选择"个人中心"选项，在打开的个人中心页面中单击 立即开启 按钮，如图3-45所示。若审核通过，则可以在打开的页面中选择店铺类型，这里默认选择"文库店铺"，单击 选择该类型 按钮，在打开的"店铺类型"对话框中单击选中"文库店铺"单选项，单击 确认选择 按钮，确认选择该类型。在打开的"签署协议提示"对话框中单击 同意并签署 按钮。

图3-44 设置店铺信息

图3-45 单击"立即开启"按钮

步骤 05 进入文库店铺的后台，单击"常用功能"栏中的"新增文档"按钮，在打开的页面中单击 +新增文档 按钮，在打开的"打开"对话框中选择之前制作的PDF文档（配套资源：\素材\项目三\百度文库文档.pdf），单击 打开(O) 按钮。

步骤 06 在打开的页面中设置文档的标题为"快来学习制作这4种水果甜点吧！操作简单，家人都爱吃！"，单击 上传封面 按钮，在打开的"打开"对话框中选择需要设置为封面的图片（配套资源：\素材\项目三\冰糖雪梨.png），调整封面显示效果，单击 打开(Q) 按钮，在打开的"上传封面"对话框中单击 确认 按钮，单击 +添加标签 按钮添加"水果"标签，默认设置文档为免费文档，并单击 确认提交 按钮提交文档，如图3-46所示。百度将对文档进行审核，审核通过后就会发布出来。

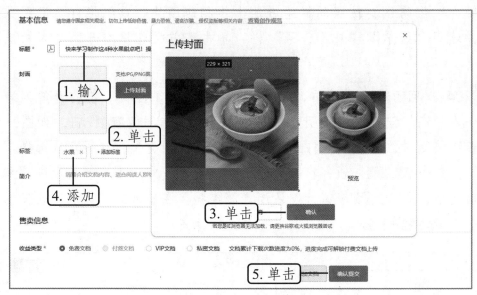

图3-46　设置文档信息

素养提升小课堂

　　百度文库中有很多实用的学习资料，涉及语言/资格考试、法律、互联网等方面。同学们可以充分利用这些资料，不断拓展知识面，提升综合素养，提高自己各方面的能力。

活动四　使用百度贴吧推广

　　百度贴吧是以兴趣主题聚合志同道合者的互动平台，不同爱好的用户聚集在不同的贴吧中进行互动交流。小艾发现，百度贴吧聚集了大量流量，通过帖子传递营销信息可能会取得不错的效果。但不同贴吧的人气、帖子内容质量、回复数量、管理水平等的差距很大，为了保证推广效果，她需要首先找到一个优质的贴吧，然后在该贴吧中发帖进行推广。

第一步　找到优质贴吧

　　小艾搜索并找出了关注数、帖子数较大的与水果相关的贴吧，具体操作如下。

步骤 01 进入百度贴吧首页，在上方的搜索框中输入"水果"，单击 全吧搜索 按钮，在打开的页面中单击选中"搜吧"单选项，再单击 全吧搜索 按钮，如图3-47所示。

图3-47　搜索贴吧

步骤 02 小艾认为，"水果店吧""水果买卖吧"等贴吧针对的是从事水果买卖的人士，具有局限性，于是，她选择了"水果吧"。进入该贴吧查看后，她发现贴吧内多数是广告帖，且回复量较少，因此将其排除。

步骤 03 小艾查看了其他搜索出来的贴吧，发现它们均不符合自己的要求。她联想到之前撰写的关于水果甜点制作方法的文档，于是拓宽了思路，搜索了与"美食""甜点"相关的贴吧，终于发现"美食吧"的关注数、帖子数都很多（见图3-48），而且该贴吧管理规范，内容多为用户的自主分享，帖子回复数量可观（说明帖子关注度高）。

图3-48　美食吧

步骤 **04** 进入该贴吧，单击置顶的吧规对应的超链接，在打开的页面中了解该贴吧对于推广帖的规定，发现该贴吧允许发软文广告（禁止硬广告），如图3-49所示。综合各方面的因素，小艾决定将该贴吧作为主要的推广贴吧。

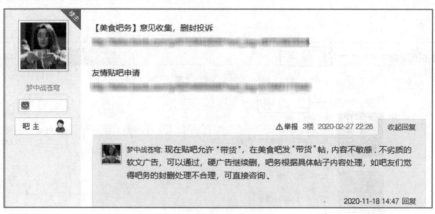

图3-49　查看吧规

🗔经验之谈

在百度贴吧中，各贴吧具有一定的独立性，吧主、管理员可以自行制定吧规，因此不同的贴吧对于推广帖的规定不同。一般而言，允许发布软文推广帖的贴吧更适合用来推广，而对推广帖毫无限制的贴吧往往会充斥大量硬广告，导致关注贴吧的用户流失，推广效果反倒不佳。

第二步 **发帖进行推广**

小艾准备以之前撰写的水果甜点制作方法的文档为基础，编辑一篇帖子，在其中加入欣香田的营销信息，然后发帖，具体操作如下。

微课视频

发帖进行推广

步骤 **01** 修改之前撰写的水果甜点制作方法的文档，主要是加入开头和结尾（适当使用语气词和网络流行语），增加亲和力，使其从实用文档转变为日常分享内容。写好的开头和结尾分别如图3-50和图3-51所示。

各位小伙伴们，我又来分享美食啦！最近欣香田淘宝旗舰店搞活动，满100元减40元，我贪便宜一口气买了好多新鲜水果。哈哈哈，一下子吃不完，就想着干脆用水果做点儿甜点吧。我在家钻研了好多水果甜点的做法，今天选几种好吃的水果甜点的做法来跟大家分享，大家赶紧学起来！

图3-50　写好的开头

怎么样？我没骗大家吧，做法真的简单，相信小伙伴们一学就会。大家赶紧做起来哦，做好后可以在帖子下面晒照，让我们"云解馋"。不过我提醒大家哦，水果的品质对于甜点最终的口感来说是很重要的，建议大家去正规品牌水果店购买，像欣香田就很不错。他们家的活动还没结束，有需要的小伙伴可要抓紧了！

图3-51 写好的结尾

步骤 02 进入"美食吧"，单击页面右侧的"发帖"按钮 ，在出现的"发布新帖"板块中的标题编辑框中输入标题"水果买多了，索性做几样水果甜点吧"，然后将之前撰写的文档（配套资源：\素材\项目三\百度贴吧帖子.docx）中的文字部分粘贴到下方的正文编辑框中。

步骤 03 在"1.香蕉卷"段落后插入一行，单击正文编辑框上方工具栏中的"图片"按钮 ，在打开的列表中选择"本地上传"选项，单击 按钮，如图3-52所示。打开"打开"对话框，选择需要上传的图片（配套资源：\素材\项目三\香蕉卷-水印.png），在打开的"插入图片"对话框中单击 按钮。

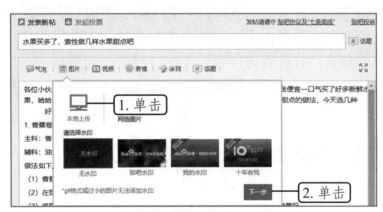

图3-52 单击"下一步"按钮

步骤 04 使用相同的方法在"2.草莓奶昔""3.糯米苹果饼""4.冰糖雪梨"各段落后插入相应图片（配套资源：\素材\项目三\草莓奶昔-水印.png、糯米苹果饼-水印.png、冰糖雪梨-水印.png）。

步骤 05 单击选中正文编辑框下方的"发表后自动分享本帖"复选框，然后单击 按钮，即可发表帖子。

💬 **任务评价**

完成该任务后，请同学们按表3-2所示的内容如实填写任务实施情况。

表 3-2　任务评价

序号	评分内容	分值	自评得分
1	能够通过在百度百科中新建词条进行推广	25 分	
2	能够通过在百度知道中回答问题进行推广	25 分	
3	能够通过在百度文库中上传文档开展推广	25 分	
4	能够通过在百度贴吧中发布帖子开展推广	25 分	

问题与总结：

合计：＿＿＿＿＿＿

拓展任务

请同学们完成以下任务。

（1）进入百度文库首页，单击页面底部的"机构/企业资源库"超链接，在打开的页面中了解百度文库的机构/企业资源库提供的服务和使用场景。

（2）进入百度首页，单击左方的"更多"超链接，在打开的页面中查看百度的其他产品，单击"社区服务"板块下的"经验"超链接，在打开的页面中查看百度经验的精品内容，思考如何使用百度经验进行推广。

任务三　使用其他常用平台推广工具

任务描述

前两轮推广均取得了不错的效果，小艾决定继续在拼多多、有赞和抖音上开展推广。此时正是丑橘的热卖季节，欣香田要求小艾重点推广丑橘，尽可能吸引更多精准流量，以有效促进丑橘的销售，并希望控制推广成本（拼多多单个推广计划的日预算不得超过 120 元，有赞的总推广成本不得超过 2000 元，抖音的总推广成本不超过 1000 元）。

任务实施

活动一　使用拼多多推广工具

小艾了解到，拼多多推广工具主要有两种，分别是多多搜索和多多场景，于是她决定分别使用这两种工具为丑橘开展推广。

第一步 使用多多搜索推广

多多搜索通过关键词竞价对搜索结果进行排名，商家可以通过多多搜索让商品在搜索结果中排名靠前，获得更多在用户面前展示的机会，从而为商品和店铺"引流"。小艾在拼多多商家后台新建了推广计划，将日预算限额设置为 100 元，在设置分时折扣时使用了官方模板，添加了关键词，设置了精准匹配溢价为 10%、地域定向为一线、新一线和二线城市，具体操作如下。

微课视频

使用多多搜索推广

步骤 01 进入拼多多商家后台，单击左侧"推广中心"栏下的"推广概况"超链接，打开"拼多多营销平台"页面，对于未交保证金的商家，系统会提醒缴纳保证金，这里直接单击"暂不缴纳"超链接。在打开的页面中单击选中下方的复选框，单击 立即推广 按钮。

步骤 02 打开新建推广计划的页面，将鼠标指针移到页面顶部的"推广"处，在打开的列表中单击"多多搜索"选项，进入"多多搜索"主页面，单击 ＋新建计划 按钮，如图3-53所示。

步骤 03 在打开页面的"预算日限"栏中选择"自定义"选项，在打开的文本框中设置预算日限为100.00元，在"推广方案"栏中选择"自定义推广"选项，在"分时折扣"栏中单击"修改"按钮 ，如图3-54所示。

图3-53 新建计划

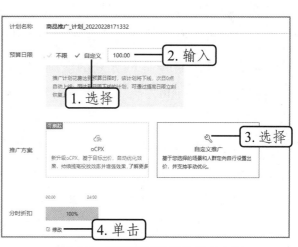

图3-54 设置预算日限和推广方案

步骤 04 在打开窗格的左侧列表中选择分时折扣模板，这里选择"官方模板"下的"水产肉类/新鲜蔬果/熟食"模板选项，单击 应用 按钮，在打开的对话框中单击 确定 按钮，如图3-55所示。

步骤 05 返回新建推广计划的页面，可看到"分时折扣"栏中已经显示了不同时段的折扣，单击 继续 按钮，在打开页面的"推广单元"栏下单击"推广商品"旁的 ➕ 按钮，在打开的窗格中选择需要推广的商品，单击 确认 按钮，如图3-56所示。

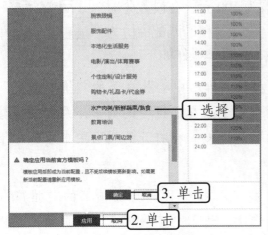

图3-55 设置分时折扣

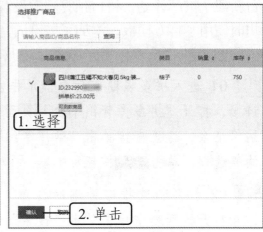

图3-56 选择推广商品

步骤 06 返回新建推广计划的页面，在"关键词及人群"栏中设置关键词出价，系统会默认选中"智能词包"和"流量拓展包"单选项并设置出价，这里保持不变，同时"自定义关键词"栏会显示系统已经添加的关键词，单击 ＋添加关键词 按钮，在打开的窗格中可根据相关性、搜索热度、上升幅度、竞争强度、点击率等选择关键词，即单击选中其对应的复选框，选择完成后单击 确认 按钮，如图3-57所示。

步骤 07 返回新建推广计划的页面，在页面右侧设置关键词出价，系统提供了"建议出价×100%""市场平均出价×100%"和"自定义出价"3种出价方式，这里默认选中"建议出价×100%"。单击"精确匹配溢价"栏下的"修改"按钮，设置溢价比例，这里设置为"10.00%"，如图3-58所示。

步骤 08 在"人群溢价"板块，拼多多会结合商家店铺的商品特性，挑选不同类型的智能推荐人群，包括商品潜力人群、相似商品定向、访客重定向、相似店铺定向、叶子类目定向，商家可以对不同人群分别设置溢价比例，如图3-59所示。其中，商品潜力人群是指浏览、收藏或购买过商家商品的用户，相似商品定向是指浏览、收藏或购买过相似商品的用户，访客重定向是指浏览或购买过商家店铺内商品的用户，相似店铺定向是指近期对商家店铺的相似店铺感兴趣的用户，叶子类目定向是指近期有针对推广商品进行特定操作行为（包括浏览、收藏、下单等）的用户。

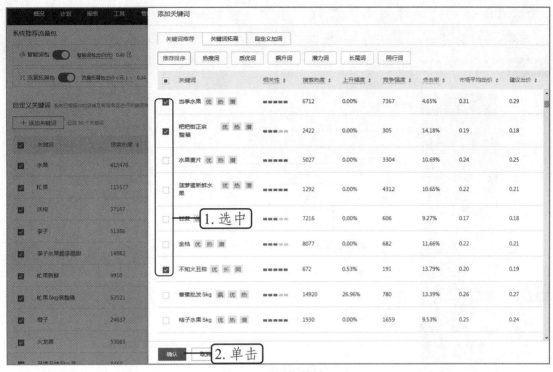

图3-57　添加关键词

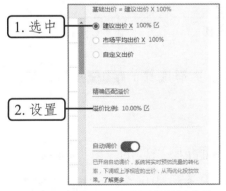

图3-58　设置关键词出价

图3-59　设置人群溢价

📎 **经验之谈**

除智能推荐人群外，拼多多还提供了6类平台定制人群，包括折扣/低价偏好人群、高品质商品偏好人群、"爆品"偏好人群、新品偏好人群、高消费人群和平台活跃人群。其中，高消费人群是指在平台上花费较多的用户，平台活跃人群是指乐于分享商品的用户。

步骤 09 单击"地域定向"旁的"添加"按钮 ，在打开的"添加地域定向人群"窗口中单击选中"一线""新一线""二线"对应的复选框，单击 确认 按钮，如图3-60所示。

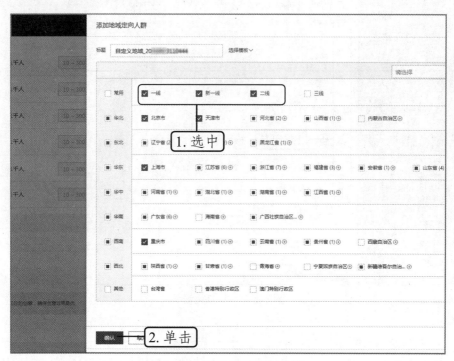

图3-60 添加地域定向人群

步骤 10 默认使用拼多多自动生成的创意，单击页面底部的 完成 按钮，完成多多搜索推广计划的创建。

第二步 使用多多场景推广

多多场景主要通过优质广告位向用户展示其可能感兴趣的商品，吸引用户查看，从而帮助商品获取流量。小艾新建了多多场景推广计划，使用了系统推荐的智能推广方案，具体操作如下。

微课视频

使用多多场景推广

步骤 01 进入拼多多商家后台，单击左侧"推广中心"栏下的"推广概况"超链接，打开"拼多多营销平台"页面，将鼠标指针移到"推广"处，在打开的列表中选择"多多场景"选项。

步骤 02 打开新建推广计划的页面，单击 + 新建计划 按钮，在打开页面的"预算日限"栏中选择"自定义"选项，在打开的文本框中设置预算日限为120元，在"推广方案"栏中保持默认的"oCPX"选项，单击 继续 按钮，如图3-61所示。

> **经验之谈**
>
> 拼多多推荐商家采用oCPX方案。该方案的智能化程度高，操作较简单，基于商家设置的预期成交出价，系统将自动根据平台当前的数据及累积的商品历史数据进行出价优化，精准触达高转化人群，从而在稳定投放效果的同时，增加曝光量及订单量。

步骤 03 在打开的"新增推广单元：选择推广商品"窗格中单击选中丑橘对应的复选框，单击 下一步 按钮，如图3-62所示。

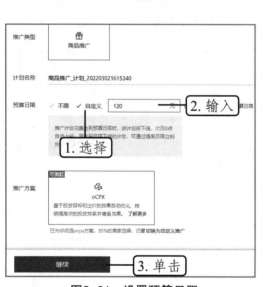

图3-61　设置预算日限

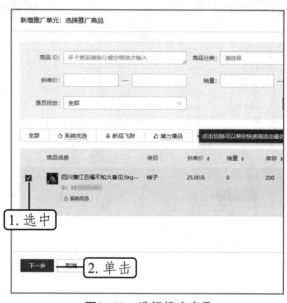

图3-62　选择推广商品

步骤 04 在打开的页面中单击"出价"对应的"修改"按钮，在打开的"修改目标与出价"窗格中将看到系统自动设置的转化目标为成交，对应出价为6.36元/成交，在下方单击选中"询单"复选框，保持其默认出价，单击 确定 按钮关闭窗格，如图3-63所示。

步骤 05 返回新建推广计划的页面，单击 完成 按钮，完成推广计划的新建，如图3-64所示。

步骤 06 系统将打开提示对话框，显示"新建完成"字样，单击 查看推广单元 按钮，即可查看该推广计划详情，如图3-65所示。

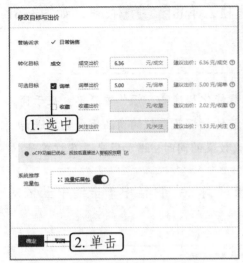

图3-63　修改目标与出价　　　　　　　图3-64　完成推广计划的新建

图3-65　查看推广计划详情

 素养提升小课堂

　　拼多多依靠农产品起家，多年来不断深化在农业领域的布局，依托创新的"拼农货"模式，让农产品与广大用户直接对接，促进了农产品的销售，为我国扶贫事业做出了重要贡献。2021年2月，拼多多在全国脱贫攻坚总结表彰大会上获得了"全国脱贫攻坚先进集体"荣誉称号。

知识窗

1. 多多搜索的推广机制

多多搜索是专门服务于拼多多商家的推广工具，通过关键词竞价竞争优质广告位（搜索结果页面的第1、7、13、19……（1+6n）个位置，如图3-66所示），按点击进行扣费。拼多多商家可以通过多多搜索让自己的商品在搜索结果中排名靠前，获得更多在用户面前展示的机会，从而为商品"引流"，增加商品销量。

图3-66　多多搜索广告位

多多搜索的综合排名是综合关键词出价和关键词质量分得出的。其中，关键词质量分是多多搜索中衡量关键词与商品推广信息及拼多多用户搜索意向相关性的综合性指标。关键词质量分以10分制的形式呈现，实时更新，分值越高，拼多多商家的商品排名展示位置就越靠前，对应的商品就可以获得更可观的流量和更理想的推广效果。

2. 多多场景的广告位

多多场景主要依靠优质广告位来帮助商家获取精准流量，支持按点击付费。多多场景的展示渠道包括拼多多手机客户端、拼多多H5商城。多多场景的广告位涉及以下4类场景。

（1）类目页的第1、7、13……（1+6n）位，根据用户消费数据显示个性化结果，如图3-67所示。

（2）商品详情页的第3、9、15、21、27位，根据用户消费数据显示个性化结果，如图3-68所示。

（3）各种营销活动页和优选活动页，不同活动页的具体展示位置不同，这些页面会根据用户消费数据显示个性化结果。营销活动页如图3-69所示。

（4）订单评价后跳转页。

图3-67　类目页

图3-68　商品详情页

图3-69　营销活动页

👤 活动二　使用有赞推广工具

　　此前，欣香田与有赞合作，开设了 H5 店铺。小艾需要使用有赞的推广工具，为该店铺的丑橘做推广。同时，小艾了解到，有赞店铺通常嵌套在微信环境中，用户可以通过微信公众号推送文章中植入的链接、微信小程序等渠道进入店铺购买商品。因此，对于有赞店铺而言，大部分流量并不来源于电商平台的广告位，而是来源于微信。

> 📋 **经验之谈**
>
> 　　H5 店铺由 H5 页面构成。H5 页面是一个由文字、图片、音乐、视频等多种元素组合的链接页面。H5 页面易于传播，可以通过微信公众号、朋友圈、微信群、微博等传播。

　　既然来自微信的流量很重要，小艾决定通过微信公众号来实现"引流"。考虑到欣香田的微信公众号粉丝数量不多，小艾决定使用有赞与云堆平台联手推出的"公众号流量推广"工具来为欣香田的丑橘做推广，以增加其销量，具体操作如下。

> 📋 **经验之谈**
>
> 　　云堆平台是一个新媒体智能投放平台，已收录超过 1000 万家微信公众号，主要提供精准营销推广服务。商家可在云堆平台上发布广告来推广商品，并自主定价，而云堆平台上的媒体会根据商家的出价决定是否接单。一旦接单，媒体将利用自己的微信公众号推送商家的广告，为其带来曝光量。

步骤 01 进入有赞后台，在左侧列表中选择"应用/我要推广"选项，在打开的页面中选择"公众号流量推广"选项，如图3-70所示，在打开的页面左侧的列表中选择"微信智能推广/新建任务"选项。

图3-70　选择"公众号流量推广"选项

步骤 02 在打开页面的"基本信息"板块中设置推广名称为"丑橘微信公众号推广",设置推广日期为"2022-04-15—2022-04-30",添加媒体标签,单击选中"推广形式"栏后的"公众号贴片"单选项,然后在"扩展信息"板块中单击选中"文案修改"栏后的"允许公众号修改文案标题"复选框,如图3-71所示。

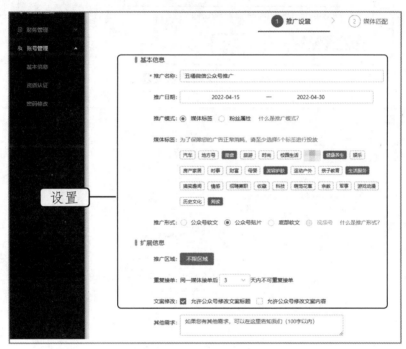

图3-71 基本信息和推广信息设置

经验之谈

　　推广模式是筛选所投放媒体账号的方式。媒体标签模式是指云堆平台通过对媒体进行科学的数据分析,打上适合投放的各种标签,商家自己选择合适的标签来筛选对应的媒体账号。

步骤 03 在"价格信息"板块中单击选中"自定义"单选项,设置推广预算为2000元,推广单价为0.3元,单击 下一步 按钮,如图3-72所示。

步骤 04 在打开的页面中可以看到平台已经推荐了一些媒体,单击合适的媒体对应的 优先 按钮,设置该媒体优先推广,然后单击 下一步 按钮,如图3-73所示。

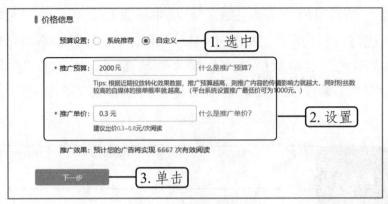

图3-72　价格信息设置

图3-73　设置优先推广的媒体

步骤 05 在打开的"文案设置"页面中的"素材名称"文本框中输入"四川蒲江丑橘，越丑越甜！"，单击 ⊥上传贴片图片 按钮，如图3-74所示。打开"打开"对话框，选择需要上传的图片（配套资源：\素材\项目三\丑橘.png），单击 打开(Q) 按钮。

步骤 06 切换到有赞后台页面，在左侧列表中选择"商品/网店商品/网店商品"选项，在打开的页面中单击丑橘对应的"推广"超链接，打开"推广"对话框，单击"分享链接"栏下的 复制 按钮，如图3-75所示。

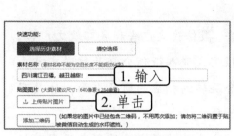

图3-74　输入素材名称并单击
"上传贴片图片"按钮

图3-75　复制链接

步骤 07 切换回"文案设置"页面，单击 添加二维码 按钮，在下方出现的文本框中粘贴刚复制的链接，然后单击 生成二维码 按钮，此时生成的二维码将出现在下方贴片图片预览区的左上角，拖动"调节二维码大小"下方的滑块调整二维码的大小，如图3-76所示。

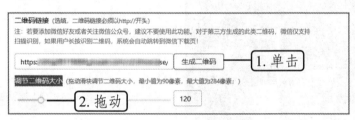

图3-76　添加二维码

步骤 08 在"贴片内容"文本框中输入介绍和引导用户购买丑橘的文字内容，右侧将显示贴片的预览效果，如图3-77所示。单击 立即推广 按钮提交申请，申请审核通过后，只要有自媒体接单，就可以为丑橘做推广了。

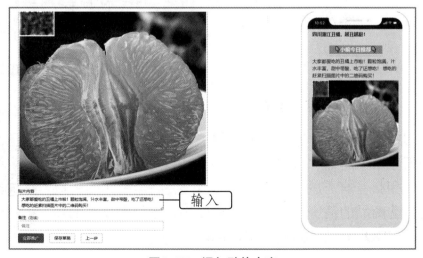

图3-77　添加贴片内容

知识窗

商家通过云堆平台发布的广告包括贴片广告、微信软文广告和底部软文广告。

- **贴片广告。** 贴片广告以含图文内容的海报形式嵌入微信公众号推送文章，如图3-78所示。用户点击海报，系统就会跳转到相应的商品页面，从而实现有效"引流"。贴片广告按展示次数计费。
- **微信软文广告。** 微信软文广告以整篇微信公众号推送文章的形式呈现，如图3-79所示，用户可通过识别文内二维码、点击"阅读原文"超链接、打开小程序等方式跳转到相应的商品页面。微信软文广告按展示次数计费。
- **底部软文广告。** 底部软文广告与贴片广告类似，只是占据的空间更大、篇幅更长。

图3-78 贴片广告

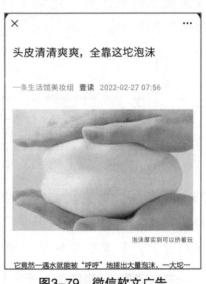

图3-79 微信软文广告

活动三 使用抖音推广工具

欣香田在抖音上也开通了店铺，并拍摄了展现种植园、水果等的短视频来为店铺"引流"，但目前效果并不理想。因此，小艾决定使用抖音官方的"DOU+"工具来提高短视频的播放量，进而带动商品的销售。小艾为欣香田抖音账号刚发布的短视频开通了"DOU+"投放，具体操作如下。

微课视频

使用"DOU+"推广工具

步骤 01 点击抖音App界面底部的"我"选项，在打开的界面中选择刚发布的短视频。

步骤 02 进入播放界面，点击界面右侧的■■■按钮，在打开的界面中点击底部的"上热门"选项，如图3-80所示。

步骤 03 进入"DOU+"投放界面，界面中显示了"速推版"和"定向版"两种投放模式，此处点击"定向版"选项卡，在打开的界面中选择投放目标、投放时长和投放金额，这里设置投放目标为提升主页浏览量，投放时长为24小时，投放金额为1000元，点击 拼手气支付 按钮，如图3-81所示。

图3-80　点击"上热门"选项

图3-81　设置推广计划

💬 **任务评价**

完成该任务后，请同学们按表3-3所示的内容如实填写任务实施情况。

表3-3　任务评价

序号	评分内容	分值	自评得分
1	能够使用多多搜索、多多场景进行推广	50分	
2	能够使用有赞推广工具	30分	

续表

序号	评分内容	分值	自评得分
3	能够使用"DOU+"进行推广	20分	

问题与总结：

合计：_____

拓展任务

请同学们完成以下任务。

（1）进入拼多多商家后台，在左侧列表中选择"多多进宝/进宝首页"选项，了解多多进宝及其优势，在页面中部的数值框中设置佣金比率，单击选中下方的复选框，单击 立即无门槛开通全店推广 按钮开通多多进宝全店推广。

（2）进入有赞后台，在左侧列表中选择"店铺/小程序管理/微信"选项，在打开的页面底部的"优秀案例"栏中查看具体案例，使用微信扫描感兴趣的案例对应的二维码，在手机上查看打开的小程序，探索小程序店铺的使用方法。

（3）在搜索引擎中搜索"DOU+"，进入DOU+官网，了解DOU+的优势、作用和投放流程，然后查看优秀案例。

项目总结

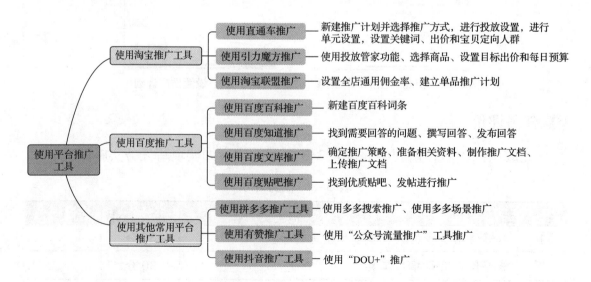

项目四

熟悉传统网络推广方法

博锐图书网是一个专门提供世界名著、青春文学、成功励志、投资理财等各类图书的在线购书网站，致力于为爱书人士提供性价比高的正版书籍。博锐图书网刚创建不久，目前知名度不高，因此该网站委托特迅运营开展网络推广，以提高网站的曝光度，为网站带来更多的流量，争取吸引并留住更多新用户。

李经理带领小艾使用传统网络推广方法来为博锐图书网做宣传，包括撰写与发布营销软文、投放网络广告、开展搜索引擎营销推广，以及实施电子邮件营销。

学习目标

知识目标

1．理解营销软文、网络广告的相关知识。

2．掌握搜索引擎营销推广、电子邮件营销的相关知识。

技能目标

1．能够撰写与发布营销软文。

2．能够投放网络广告。

3．能够优化搜索引擎并参与搜索引擎竞价。

4．能够制定电子邮件推广策略并执行电子邮件营销任务。

素养目标

1．增强对网络广告的敏感度和营销意识。

2．增强保护用户个人信息的意识。

任务一 撰写与发布营销软文

任务描述

小艾认为，目前互联网上的营销软文几乎无处不在，对人们产生了较大影响。因此她准备首先开展软文营销，为博锐图书网近期主推图书《爆笑秒懂古诗词》（以儿童趣味阅读为主题，卖点是语言生动、有幽默搞笑的卡通图片及大量历史常识和民俗知识）做宣传，以吸引用户前往博锐图书网购买该图书，进而为该网站"引流"，提高其知名度。

任务实施

活动一 撰写营销软文

小艾首先将营销软文分为标题、开头、正文、结尾4部分，准备逐个击破。

第一步 撰写营销软文的标题

标题决定了用户对营销软文的第一印象，一个好的标题可以吸引更多的用户阅读营销软文。小艾考虑到此时北京冬季奥林匹克运动会（简称北京冬奥会）是一个热点事件，借助该事件的热度而撰写的营销软文可以有效吸引用户的注意力。相关话题中，开幕式上出现的古诗词引发了大众的热烈讨论，人们被古诗词的优美所打动，纷纷在社交平台上转发、分享相关内容，形成了"刷屏"现象，而古诗词话题又与博锐图书网主推的图书《爆笑秒懂古诗词》契合。此外，小艾认为，这本书定位于帮助孩子学习古诗词，因此在标题中加入"孩子""背"等关键词可以引发孩子家长的高度共鸣，从而吸引其点击查看营销软文。

因此，小艾决定把营销软文的标题定为《北京冬奥会开幕式的古诗词，你家孩子会背几句？》。

第二步 撰写营销软文的开头

写好标题后，小艾开始撰写营销软文的开头。开头用于吸引用户的阅读兴趣，不宜直接体现营销信息。由于近期人们对北京冬奥会高度关注，因此小艾在营销软文的开头部分开门见山地呼应了标题，用几句话简单介绍了北京冬奥会开幕式的盛况，罗列了 4 句开幕式上出现的古诗词，如图 4-1 所示。

> 2月4日晚，万众期待的第二十四届冬季奥林匹克运动会开幕式在北京国家体育场举行。人们依稀还记得 2008 年在北京举办的第二十九届夏季奥林匹克运动会的开幕式带来的震撼，而 14 年后的北京冬奥会开幕式再次向全世界展现了中国传统文化的魅力。很多网友都认为，开幕式最大的亮点是其中出现的与二十四节气相呼应的古诗词，这些古诗词将中国气质体现得淋漓尽致。
> 雨水："随风潜入夜，润物细无声。"
> 春分："春风如贵客，一到便繁华。"
> 小暑："荷风送香气，竹露滴清响。"
> 白露："露从今夜白，月是故乡明。"

图4-1 营销软文的开头

第三步 撰写营销软文的正文

正文是一篇营销软文的核心部分，应逻辑清晰、结构合理。小艾决定按照逻辑推论的顺序，一步一步地从北京冬奥会开幕式上出现的古诗词引出《爆笑秒懂古诗词》，并展开详细介绍。她梳理了正文部分的写作思路：首先从北京冬奥会开幕式上出现的古诗词的话题自然过渡到孩子学习古诗词难这一问题，指出很多家长的痛点，即不知道如何让孩子轻松学好古诗词；然后通过引证《挑战不可能》《中国诗词大会》大赛中表现出色的两位少年的父母的观点，说明兴趣对于古诗词学习的重要性；接着，从学习兴趣这一切入点入手，引出定位于趣味阅读的《爆笑秒懂古诗词》，再搭配生动的语言、搞笑的配图及丰富的补充知识来着重说明这本书的趣味性。

于是，小艾按照上述思路写作了正文，并在"2. 搞笑的配图"及"3. 丰富的补充知识"部分配了相应的图片，以增强说服力。小艾写好的营销软文的正文如图 4-2 所示。

图4-2　营销软文的正文

第四步　撰写营销软文的结尾

一个好的结尾能够直接影响用户的后续行为，包括转发朋友圈、收藏或前往网店下单等，能够带来更好的营销效果。为了与北京冬奥会呼应，在营销软文的结尾部分，小艾先总结了《爆笑秒懂古诗词》的卖点，然后呼应了开头提到的北京冬奥会开幕式上出现的古诗词的话题，最后通过强调优惠福利，号召家长们赶紧前往博锐图书网购买。小艾写好的营销软文的结尾如图 4-3 所示。

> 有了这本既有趣又能拓宽知识面的书籍，孩子自然能快乐学习、轻松背诗了！背出北京冬奥会开幕式上出现的古诗词自然也就不在话下了。现在这套书在博锐图书网上8折出售，家长们还不赶紧前往博锐图书网购买？

图4-3　营销软文的结尾

 知识窗

1. 营销软文的标题类型

营销软文的标题有多种类型，如表 4-1 所示。

表 4-1　营销软文的标题类型

标题类型	标题说明	举例
直言式标题	直接点明商品宣传意图的标题，让用户一看标题就知道营销软文的主题	《手机发售！699 元起！现在来店抢购送 500 元大礼包！》
提问式标题	用提问的方式引起用户的注意，使他们思考问题，并想要读完全文、一探究竟	《你的手机经得起热量测试吗？》《月入 5000 元，如何提高到月入 50000 元？》

续表

标题类型	标题说明	举例
对比式标题	把当前事物的某个特性同与之相反的或性质截然不同的事物进行对比，并通过这种强烈的对比吸引用户注意	《A 款手机测评：B 款手机的劲敌表现如何？》
证明式标题	从见证人的角度阐释商品或品牌好处的标题，既可是自证，也可是他证，以增强用户的信任感	《亲测！用了就能 4 天不洗头的洗发水！》
号召式标题	一般以动词开头，同时结合优惠券、打折等福利，吸引用户阅读文章。使用这类标题时要注意用语委婉，避免语气过于强硬	《关注这个彩妆店铺，让你在夏天美出新高度》
悬念式标题	侧重于借助某个点引起用户的好奇和思考，让用户带着思考阅读全文，在其中探索答案。使用这类标题时一定要带上品牌或商品的关键词，加深用户印象	《搜索了××品牌汉服，竟然……》
故事式标题	将软文中能吸引眼球的或富有情怀的故事细节提取到标题中来，让用户想进一步了解故事详情，从而阅读全文	《25 岁浙江小伙放弃百万元年薪，返乡创业支持新乡村建设！》《从欠债20多万到年入百万元！青海小伙靠卖水果打翻身仗》
互补式标题	在标题中告诉用户过去使用的某种商品没有发挥出全部功效，搭配使用一个具有互补性的商品（可用"它"代替，以制造悬念）会产生更好的效果，从而促使用户购买	《我现在才知道，在洗发水里加入它，去屑效果更显著》《很多人都不知道，上粉底前使用它，妆容会更自然》
话题式标题	植入热门话题的标题，使用时要注意话题的时效性	《用××小米熬粥，让身在外地的你体会妈妈的味道》（母亲节话题）
稀缺式标题	在标题中通过限制时间、数量、地点、人群等，来给用户提供一个看似稀缺的机会，让用户产生"绝不能错过"的心理，从而点击阅读	《最后50个名额！7月9日××观影团免费观影活动报名啦》《2022年初级会计考试资料免费领取啦！》
盘点式标题	此类标题能让用户觉得软文的内容能解决一些实际问题，从而点击阅读。具体结构为"数字＋品类／知识技巧＋好处"	《搞定公众号推文排版的10个技巧，看这篇就够了！》《上半年上市的5款千元手机，最后一款性价比太高了！》

动手做

寻找不同类型的营销软文的标题

表4-2所示的表格中有几种不同类型的标题，请利用搜索引擎、微信、小红书等，找出对应的标题范例并将其填入该表。

表4-2 营销软文的标题列表

序号	标题类型	标题内容
1	直言式标题	
2	号召式标题	
3	故事式标题	
4	盘点式标题	

2. 营销软文开头的写法

营销软文开头的写法很多，常见的有以下几种。

拓展阅读

营销软文开头案例

- **开门见山**。开门见山就是直接说明某种商品或服务的好处，介绍如何解决某种问题等。这种写作手法主要围绕商品或服务本身的功能或特性展开，同时结合用户的情况，以引起用户共鸣。

- **情景导入**。情景导入是指首先在开头塑造一个与用户息息相关的生活场景，即先描述用户的日常生活，引起用户的共鸣，激发用户的阅读兴趣，然后过渡到介绍所推广的对象。

- **热点开头**。热点即近期讨论度很高的话题，例如，刚发生的新闻事件、即将到来的节日等。热点的讨论范围较广，因此使用热点作为营销软文正文的开头，可以增强用户阅读的兴趣。

- **独白开头**。独白指通过人物的自思、自语等内心表白，揭示人物隐秘的内心世界。这种营销软文开头通过独白来剖析情感，容易给用户以情真意切、发自肺腑的印象，引起用户的共鸣。

3. 营销软文正文的结构

常见的营销软文正文结构包括递进式结构、总分式结构、并列式结构、抑扬式结构等。

- **递进式结构**。递进式结构是指按照事物或事理的发展规律及逻辑关系，一层一层地安排组织材料的写作方式，写作时后一个材料往往建立在前一个材料的基础上。

- **总分式结构。**总分式结构一般先总结或总起全文，点明主题，然后分层、分点叙述，呈现出一个发散的结构。采用总分式结构的营销软文正文不仅可以让用户快速获取自己所需的信息，还能突出主题，加大营销软文对用户的吸引力。

拓展阅读

营销软文正文结构案例

- **并列式结构。**并列式结构一般是从描述主体的各方面特征入手，不分先后顺序和主次，各部分并列平行地叙述事件、说明事物，且各组成部分间相互独立、关系平等。

- **抑扬式结构。**抑扬式结构是为肯定某人、事、景、物，先用曲解或嘲讽的态度尽力贬低或否定的一种构思方法。例如，要写某个人的好，开头先写他的不好，再表扬他的好，但要注意先抑后扬、轻抑重扬。

知识窗

👤 活动二 发布营销软文

写好营销软文后，小艾接着开始发布营销软文，她首先选择了发布平台，然后注册了平台账号并进行了具体的发布操作。

第一步 选择营销软文发布平台

小艾考察后认为，目前主流的营销软文发布平台包括微信公众号、今日头条、知乎等。其中，微信公众号推送的文章要想获得广泛传播，对于粉丝数量的要求较高，博锐图书网目前没有这样的资源；知乎是一个问答平台，对内容的严谨性、专业性要求较高，小艾撰写的营销软文不符合这一要求。相比之下，今日头条文章只要有价值和可读性，就有机会被系统广泛推荐给感兴趣的用户，因此她选择在今日头条上发布营销软文。

第二步 登录账号并实名认证

小艾了解到，用户可以直接使用手机号码登录今日头条（登录的同时即可注册），但在发布文章之前需要完成实名认证，于是她下载、安装了今日头条App，登录并设置了账号，然后完成了实名认证，具体操作如下。

微课视频

登录账号并实名认证

步骤 01 进入今日头条App，点击"未登录"选项，在打开的界面中点击 登录 按钮，在打开的界面中点击选中"已阅读并同意'用户协议''隐私政策'和'抖音授权协议'"复选框，点击下方的 🔲 按钮。

步骤 02 在打开的界面中点击选中中间的复选框，点击 本机号码一键登录 按钮，即可成功使用手机号码登录今日头条，如图4-4所示。

步骤 03 登录后将打开"我的"界面，点击右上角 ⚙ 按钮，在打开的"设置"界面中点击"编辑资料"选项，如图4-5所示。打开"编辑资料"界面，点击头像，在打开的列表中点击"从手机相册选择"选项，在打开的界面中点击需要的图片（配套资源：\素材\项目四\今日头条头像.png），点击 完成(1) 按钮，在打开的界面中点击 确定 按钮即可。

步骤 04 返回"编辑资料"界面，点击"用户名"选项，在打开的"用户名"界面中输入"博锐图书网"，点击右上角的 提交 按钮。

步骤 05 返回"我的"界面，点击"创作中心"栏下的"创作首页"选项，在打开的界面中点击 头条认证 按钮，如图4-6所示。打开"头条认证"界面，点击"实名认证未完成"超链接，在打开的界面中点击 同意授权 按钮。

图4-4 注册并登录

图4-5 点击"编辑资料"选项

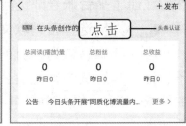
图4-6 点击"头条认证"按钮

步骤 06 打开"实名认证"界面，上传身份证的正反面照片，点击 提交 按钮。在打开的界面中点击 确定 按钮确认身份证信息。

步骤 07 打开"人脸检测"界面，点击"开始认证"按钮，进行脸部识别，完成实名认证。

第三步 在今日头条发布营销软文

小艾在今日头条发布了写好的营销软文，具体操作如下。

步骤 01 在计算机上进入今日头条首页（网页端更便于进行发布操作），单击 立即登录 按钮，在打开的页面中使用手机号登录。单击"写文章"按钮 📄，在打开页面的标题输入框中输

微课视频

在今日头条发布营销软文

入标题，在正文输入框中粘贴营销软文的文字部分（配套资源：\素材\项目四\营销软文.docx），如图4-7所示。

步骤 02 在"2.搞笑配图"整个段落后按【Enter】键，单击 ⊠ 按钮，在打开的页面中单击 本地上传 按钮，如图4-8所示。

北京冬奥会开幕式的古诗词，你家孩子会背几句？ 20 / 30

2月4日晚，万众期待的第二十四届冬季奥林匹克运动会开幕式在北京国家体育场举行。人们依稀还记得2008年在北京举办的第二十九届夏季奥林匹克运动会的开幕式带来的震撼，而14年后的北京冬奥会开幕式再次向全世界展现了中国传统文化的魅力。很多网友都认为，开幕式最大的亮点是其中出现的与二十四节气相呼应的古诗词，这些古诗词将中国气质体现得淋漓尽致。

图4-7 粘贴营销软文内容

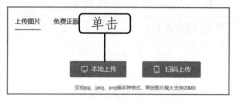

图4-8 单击"本地上传"按钮

步骤 03 在"打开"对话框中选择需要上传的图片（配套资源：\素材\项目四\营销软文图片1.png），单击 打开(O) 按钮，单击 确定 按钮，插入图片。按照相同的方法在"3.丰富的补充知识"的第1个段落后插入图片（配套资源：\素材\项目四\营销软文图片2.png），效果如图4-9所示。

步骤 04 单击"标题设置"栏中的"单标题"单选项，在页面右侧的"发文助手"板块中查看系统检测出的问题，单击"修改"超链接修改错误，如图4-10所示。

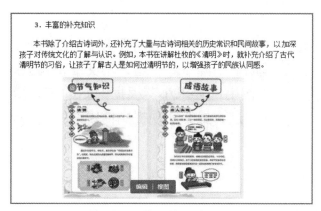

图4-9 上传图片后的效果

图4-10 单击"修改"超链接

步骤 05 编辑好营销软文后，单击 按钮提交系统审核，系统审核通过后，即可成功发布营销软文。

💬 **任务评价**

完成该任务后，请同学们按表4-3所示的内容如实填写任务实施情况。

表 4-3　任务评价

序号	评分内容	分值	自评得分
1	了解营销软文的标题类型	20 分	
2	能够撰写营销软文	50 分	
3	能够发布营销软文	30 分	

问题与总结：

合计：＿＿＿＿＿＿

✖ 拓展任务

现有一款 2 千克的洗衣液，其特点是采用天然植物萃取成分，不含增白剂和荧光剂，能有效去除各种污渍，洗后无残留，不伤衣物。请同学们为该洗衣液构思一篇营销软文。

任务二　投放网络广告

任务描述

营销软文发布后阅读量很不错，成功帮助博锐图书网吸引了一部分用户的关注，但该营销软文的热度在一周后就明显下降了。于是，小艾准备投放网络广告，继续为博锐图书网做宣传。博锐图书网要求小艾根据网站的实际情况，选择合适的网络广告类型和可靠的投放渠道，最终实现提高博锐图书网曝光度的目标。

任务实施

👤 活动一　选择网络广告的类型

小艾了解到，目前的网络广告有很多种类，她在投放之前需要选择合适的类型。她仔细考察了不同类型的网络广告，总结了不同类型网络广告的优缺点，如表 4-4 所示。

表4-4 不同类型网络广告的优缺点

类型		优点	缺点
展示性广告	横幅广告	通常置于页面醒目位置，吸引力强	尺寸有限，不能展现大量信息
	按钮广告	能提供简单明确的信息，且面积大小与版面位置的安排都具有较强的弹性	展现信息较少，且具有被动性，用户只有主动点击按钮，才能了解详细信息
	文本链接广告	费用低、简洁、对用户干扰少	效果不好，目标用户不明确
	对联广告	简单明了、富有设计感、不会干扰用户浏览网页	位于网页两侧，不够醒目
	弹出式广告	更能吸引用户的注意，能快速传递信息	容易引起用户的反感，从而被关闭甚至屏蔽
	浮动广告	可以始终保持在当前网页的位置上	会分散用户的注意力，影响正常的浏览
	全屏广告	可以大幅度曝光商品或品牌	容易让用户反感，且成本较高
电子邮件广告		信息传递速度快，成本较低，内容受限较少，具有较强的针对性	容易被用户当作垃圾邮件，且效果难以准确评估
视频广告		有广泛的受众，展现效果生动直观，有较强的感染力	成本较高，对广告制作的要求高，容易让用户产生抗拒情绪
富媒体广告		可以展现更多精彩的内容，有助于体现创新性，互动性强，点击率高	成本高，对制作能力要求高
搜索引擎广告		针对性强，效果好	成本很高，仅适合有实力的大企业
App广告		精准性、及时性强，适应互联网发展趋势	影响用户体验，不能覆盖不会使用手机的用户群体

小艾认为，博锐图书网不具备制作富媒体广告、视频广告的能力，而该网站打算后续针对电子邮件广告和搜索引擎广告单独执行投放任务，因此首先排除了上述类型的广告；其次，相比于传统互联网，移动互联网更符合时代的发展趋势，博锐图书网的用户数据也显示其用户使用移动端的比例日益提高，因此她选择投放App广告。

知识窗

网络广告的常见类型包括展示性广告、电子邮件广告、视频广告、富媒体广告、搜索引擎广告和App广告等。

（1）展示性广告。展示性广告是较早出现的网络广告类型，其特点是在网页上以静态、动态或者超链接等方式展示广告内容，主要包括以下几种。

- 横幅广告。横幅广告（Banner）又称旗帜广告，是横跨于网页上的矩形公告牌，如图4-11所示。横幅广告是一种十分常见的网络广告形式，主要以Flash动画、GIF动图、JPG图片等形式存在于网页中。

- 按钮广告。按钮广告从横幅广告演变而来，其尺寸比横幅广告小很多。按钮广告一般由一个标志性图案构成，可以灵活放置在网页的任何位置，如图4-12所示。

图4-11　横幅广告　　　　　　　　　　图4-12　按钮广告

- 文本链接广告。文本链接广告以文字的形式链接到具体的网站、网页，对用户的干扰较少，如图4-13所示。

- 浮动广告。浮动广告是指在页面内沿一定轨迹浮动（沿着某一固定曲线/直线浮动或随着用户拖动浏览器滚动条而浮动）的广告形式，如图4-14所示，也就是说，它会一直出现在屏幕上（除非用户主动关闭）。

图4-13　文本链接广告　　　　　　　　图4-14　浮动广告

- 弹出式广告。弹出式广告是用户在进入网页时，强制弹出一个广告页面或广告窗口，以吸引用户点击查看相关网页的广告形式。

- 对联广告。对联广告是利用网站页面左右两侧的竖式广告位置而设计的广告形式，如图4-15所示，用户点击该广告即可跳转到相应页面。

图4-15 对联广告

- **全屏广告**。全屏广告是指用户在打开页面时，以全屏方式出现3～5秒的广告形式，如图4-16所示，其表现形式可以为静态图片，也可以是动画。

图4-16 全屏广告

（2）电子邮件广告。电子邮件广告就是通过互联网将广告发到用户电子邮箱的广告形式，如图4-17所示。

（3）视频广告。视频广告是指含有视频文件的广告形式，可以在网络中实现在线播放，具有很强的冲击力和交互性，如图4-18所示。

图4-17 电子邮件广告

图4-18 视频广告

（4）富媒体广告。富媒体广告一般是指使用浏览器插件或者其他脚本、Java语言等编写的具有复杂视觉效果和交互功能的广告形式，具有声音、文字、视频等多种媒体组合形式，如图4-19所示。

（5）搜索引擎广告。搜索引擎广告也叫搜索引擎竞价推广，是指企业根据自己提供的商品或服务的内容、特点等，确定相关的关键词，撰写广告内容并自主定价投放的广告形式。用户在搜索引擎中搜索某关键词时，相应的搜索结果页面会出现与该关键词相关的广告（右下角显示"广告"字样），如图4-20所示。

图4-19　富媒体广告

图4-20　搜索引擎广告

（6）App广告。随着我国科技实力日益雄厚，移动互联网的普及度越来越高，很多用户已经习惯于使用手机App浏览、接收信息，各大App（如微博App、微信App）也为企业提供了各种广告位，如开屏广告、信息流广告等。

- 开屏广告。开屏广告是在App启动页上展示静态、动态图片或视频形式的广告（见图4-21），展示时长一般为5～15秒，视觉冲击力较强，能给用户留下深刻印象。
- 信息流广告。信息流广告是穿插于用户的好友动态或资讯媒体和视听媒体内容流中的广告（见图4-22），可根据用户喜好实现精准投放，用户体验较好。

图4-21　开屏广告

图4-22　信息流广告

📝 **素养提升小课堂**

近年来，网络广告的表现形式有了很大变化，从传统的静态图片发展为了交互性更强的富媒体广告。同学们要做有心人，加强自己对于网络广告的敏感性，有意识地关注这些行业动态，增强自己的营销意识。

👤 活动二　投放网络广告

小艾考察后认为，腾讯拥有微信、腾讯新闻等热门App，在腾讯专门的广告投放平台投放App广告是个不错的选择。因此，她注册了腾讯广告的账号，并在该平台新建了广告计划，具体操作如下。

微课视频

投放网络广告

步骤 01 在搜索引擎中搜索"腾讯广告"，进入该网站首页，单击页面右上角的 注册 按钮，在打开的页面中默认选中"企业"单选项，输入企业名称、个人姓名，设置所属地区、行业，输入手机号和验证码，单击选中下方的复选框，单击 下一步 按钮，如图4-23所示。

步骤 02 在打开的页面中填写QQ号，然后单击 下一步 按钮。

步骤 03 在打开的页面中使用QQ App扫描二维码，在手机上点击 授权登录 按钮，单击计算机打开的页面中的 确认关联QQ号 按钮，在打开的页面中单击选中下方的复选框，单击 进入平台 按钮。

步骤 04 进入腾讯广告投放管理平台，单击右上角的 +新建广告 按钮，在打开页面的"新建推广计划"板块中的"推广目标"栏中选择"品牌活动推广"选项，单击 下一步 按钮，如图4-24所示。

步骤 05 在"广告版位"板块下的列表中单击选中需要的广告版位对应的复选框，这里单击选中"腾讯平台与内容媒体"下的"腾讯看点"对应的复选框（对应广告版位为腾讯新闻等App信息流广告），如图4-25所示。

步骤 06 在"排期和出价"板块的"出价方式"栏中选择"CPC"选项，在"出价"数值框中输入"0.26"，如图4-26所示。

步骤 07 在"广告创意"板块下的列表中选择"横版大图16∶9"选项，单击"创意图片"旁的灰色框，在打开的"打开"对话框中选择需要的图片（配套资源：\素材\项目四\品牌形象.png），单击 打开(O) 按钮。

图4-23 填写信息

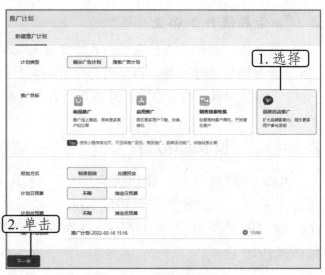

图4-24 设置推广目标

图4-25 选择广告版位

图4-26 设置出价方式和出价

步骤 08 在"文案"文本框中输入"买书就来博锐图书网！海量图书3折封顶！"，单击"品牌形象"栏的输入框，在打开的列表中单击"上传品牌形象"超链接，在打开的对话框中单击灰色框，在打开的"打开"对话框中选择品牌形象图片（配套资源：\素材\项目四\品牌形象.png），单击 [打开(O)] 按钮，在"品牌名称"栏中输入"博锐图书网",单击 确定 按钮,如图4-27所示。在"落地页"栏中选择"自定义"选项,在下方的输入框中粘贴博锐图书网移动端主页的链接地址,如图4-28所示。

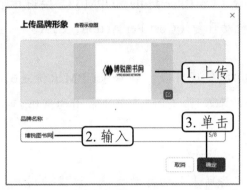

图4-27 上传品牌形象图片并输入品牌名称

图4-28 设置落地页

步骤 09 单击"转化辅助"板块下的"按钮文案"栏下拉列表框,在打开的列表中选择"立即购买"选项,完成后单击 提交 按钮,如图4-29所示,在打开的"确认提交"对话框中单击 提交广告 按钮提交广告计划,如图4-30所示。腾讯将审核提交的广告计划,审核通过后即可开始推广。

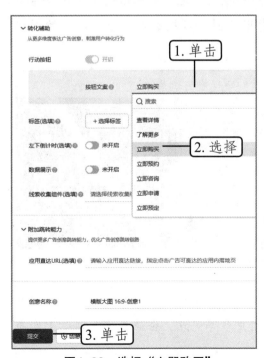

图4-29 选择"立即购买"

图4-30 单击"提交广告"按钮

知识窗

1. 网络广告的计费方式

网络广告的计费方式包括按千次展现计费（Cost Per Mille，CPM）、按用户点击次数计费（Cost Per Click，CPC）、按行动计费（Cost Per Action，CPA）、按实际销售计费（Cost Per Sale，CPS）等。

- **CPM。**CPM是指按照网络广告每1000次展现计费，即如果CPM出价是6元，则意味着一则广告被展现1000次收取6元。CPM是十分常用的网络广告计费方式之一。

- **CPC。**CPC是指网络广告按照用户点击次数计费。

- **CPA。**CPA是指按每个访问者对网络广告所采取的行动收费。这里的用户行动包括达成一次交易、成功注册和点击一次网络广告等。

- **CPS。**CPS是指按照实际销售来计算广告费用，适用于购物类、导购类等注重转化率的企业。

2. 网络广告的投放渠道

网络广告的投放渠道有很多，企业可以根据自身情况选择。

- **企业主页。**企业主页是常用的网络广告投放渠道。企业通过主页来宣传商品或服务，不需要额外支付广告费用。图4-31所示为华为官网上的网络广告。

图4-31　华为官网上的网络广告

- **大型门户/视频网站。**新浪、搜狐、网易等大型门户网站及腾讯视频、爱奇艺等大型视频网站具有访问量大、用户多等优点，企业在这些网站上发布网络广告能获得较多的访问量。

- **专业网站。**专业网站是主要提供某类专门服务的网站，其用户大多是相关领域的专业人士或爱好者，具有较高的专业知识水平和忠诚度。在这些网站上发布的网络广告，针对性强，广告效果佳，但需要支付的广告费用也相对较高。

- **主流App。**目前各大主流App的活跃用户量巨大，在这些App上投放广告已经成为很多企业的第一选择。

任务评价

完成该任务后，请同学们按表 4-5 所示的内容如实填写任务实施情况。

表 4-5　任务评价

序号	评分内容	分值	自评得分
1	了解网络广告的类型及各种网络广告的优缺点	40 分	
2	能够投放网络广告	60 分	

问题与总结：

合计：＿＿＿＿＿＿

拓展任务

请同学们完成以下任务

（1）进入腾讯网，找出各种类型的网络广告并截图。

（2）进入哔哩哔哩网站，在首页底部单击"广告合作"超链接，在打开的页面中单击"营销产品"选项卡，在打开的页面中查看哔哩哔哩网站有哪几种展示性广告。

任务三　开展搜索引擎营销推广

任务描述

小艾注意到，现在人们查找图书购买信息时很依赖搜索引擎，利用搜索引擎为博锐图书网推广是十分有效的方式。于是，她通过优化搜索引擎和参与搜索引擎竞价两种方式开展搜索引擎营销推广，目标是为博锐图书网带来更多精准的流量，提高网站的知名度。

任务实施

活动一　认识并优化搜索引擎

小艾认为，搜索引擎营销推广主要是通过提高搜索结果排名来实现的。而要提高排名，小艾首先要了解搜索引擎的工作原理，明确其排名规则，然后有针对性地优化搜索引擎。

第一步 **了解搜索引擎的工作原理**

搜索引擎是一种自动从网络中搜集信息，并经过一定整理和排序后，再提供给用户进行查询的系统。简单来说，搜索引擎的工作原理分为以下5个方面。

1. 蜘蛛爬行

搜索引擎首先通过数据抓取系统跟踪网页链接，从一个链接跟踪到另一个链接，像蜘蛛爬行一样。

2. 抓取存储

数据抓取系统到达一个网页后，会先检测其内容，判断其中的信息是否为无用信息，如是否有大量的重复内容、乱码和与已收录的内容高度重复的内容等。检测通过后，该系统会收录有价值的网页，并将网页信息存储到数据库中。

3. 网页处理

数据抓取系统抓取到网页数据后，还要做大量的网页处理工作，如提取文字、结构化网页、去重、建立索引数据库、分析链接和整合数据等。

4. 检索服务

搜索引擎建好索引数据库后，就可以为用户提供检索服务了。当用户输入一个查询关键词后，搜索引擎首先会处理搜索关键词，然后从索引数据库中提取与之匹配的页面，再通过不同的维度对页面进行综合排序，最后通过收集用户搜索数据优化结果，得到最终的搜索结果。

5. 结果展现

目前，搜索引擎搜索结果的展现形式是多样的，包括摘要式、图片式、视频式、软件下载式、步骤式和新闻资讯式等。

- **摘要式**。摘要式只显示标题、摘要、链接，如图4-32所示，多用于展现企业网站、资讯类网站。

- **图片式。** 图片式会在摘要式的基础上显示一张图片，如图4-33所示。

图4-32　摘要式　　　　　　　　　　图4-33　图片式

- **视频式。** 视频式用于显示包含可播放视频的网页，会在摘要式的基础上显示一张视频缩略图及视频的时长等信息，如图4-34所示。
- **软件下载式。** 软件下载式用于显示软件下载页面，除了显示标题外，还会显示软件的图标、版本、大小、运行环境、类型、更新时间等信息，如图4-35所示。

图4-34　视频式　　　　　　　　　　图4-35　软件下载式

- **步骤式。** 步骤式主要用于显示操作步骤，会显示多张缩略图及步骤的简略文本，如图4-36所示。
- **新闻资讯式。** 新闻资讯式会显示多条新闻的标题、发布网站及发布时间，并会显示第一条新闻的摘要，如图4-37所示。

图4-36　步骤式　　　　　　　　　　图4-37　新闻资讯式

**动手做**

使用搜索引擎搜索

请同学们执行以下操作。

1. 在浏览器中进入百度首页，在中间的文本框中输入要查询的关键词"购书网站"，按【Enter】键，查看搜索结果。

2. 单击右上角的"搜索工具"按钮 ▽，单击出现的"所有网页和文件"下拉按钮，在打开的下拉列表中选择"微软 Word（.doc）"选项，查看搜索结果。

第二步 优化搜索引擎

接着，小艾需要根据搜索引擎的工作原理来优化搜索引擎。通常而言，优化搜索引擎可以从网站结构、网站关键词、网站链接和网站页面等方面入手。由于优化搜索引擎属于技术性较强的工作，小艾作为营销人员，其主要的任务是从网站结构、网站关键词两个方面向博锐图书网提出优化建议。

1. 优化网站结构

优化网站结构有助于搜索引擎更全面地抓取网站数据。小艾主要从 URL 设置、网站结构设计两个方面提出优化网站结构的建议。

（1）URL 设置。对于 URL 设置，小艾认为需要考虑以下两个方面。

- **静态URL**。博锐图书网目前的网址为动态URL，相对于静态URL而言，稳定性较差，打开速度较慢，因此她建议将网址设置为静态URL。
- **URL规范化**。博锐图书网存在不规范的URL，会影响搜索引擎的收录。因此，她建议博锐图书网解决URL的规范化问题，使其简短、清晰，方便记忆和辨别。

> **经验之谈**
>
> 与动态 URL 相比，静态 URL 的稳定性更好，打开速度更快，有利于改善用户体验。

（2）网站结构设计。对于网站结构设计，小艾建议博锐图书网从导航和整体结构两个方面入手。

- **导航**。博锐图书网目前的导航仅有主导航（包括文学、社科、少儿、生活、文教5部分），她建议新增多级导航，即在文学、社科等每一大项的基础上划分出更多的细分类目，如文学可细分为小说、诗歌、理论著作等。
- **整体结构**。博锐图书网属于内容类别多、容量大的综合性网站，网站目前的整体结构过于扁平，使得层次不够清晰、搜索引擎识别度不高。她建议博锐图书网将整体结构调整为树形网站结构，即将网站中的网页文件按照类别和从属关系保存到不同的文件夹和子文件夹中。

> **经验之谈**
>
> 简单的小型网站可以采用扁平的网站结构，即将网站的所有页面都保存在根目录下，以便搜索引擎抓取信息，有利于提高网站的搜索结果排名。

2. 优化网站关键词

微课视频

优化网站关键词

合适的关键词会使网站更容易被搜索引擎收录，从而获得更好的排名。小艾考察了博锐图书网，发现该网站的首页、导航、网页标题中已经布局了"购书网站""网上购书"等关键词，但其他位置缺少合适的关键词，因此她通过爱站网为博锐图书网选择了合适的关键词，具体操作如下。

步骤 01 在百度中搜索"爱站网"，进入该网站首页，将鼠标指针移到右上角 处，在出现的列表中选择"用户登录"选项，在打开的页面中使用微信扫描二维码，在手机打开的界面中点击 关注 按钮，即可成功注册并登录该网站。

步骤 02 将鼠标指针移到页面上方的"SEO查询"选项卡处，在打开的列表中选择"关键词挖掘"选项，在打开页面的输入框中输入"网上购书"，单击 查询 按钮。

步骤 03 打开的"关键词挖掘"页面的"长尾词挖掘"栏将显示热度较高、收录数较多的关键词，如图4-38所示。

![图4-38 关键词显示]

图4-38 关键词显示

📋 经验之谈

长尾词是指字数较多、描述具体的关键词，一般由多个关键词组合而成，具有内容具体等特点，其搜索次数通常比较少，但相对普通关键词来说更加精准、竞争度更低。

步骤 04 单击关键词"网上购书"对应的"<50/<50"超链接，在打开的页面中查看该关键词的相关指数和百度搜索趋势变化情况，如图4-39所示。用相同的方法查看其他关键词的相关指数和百度搜索趋势变化情况。

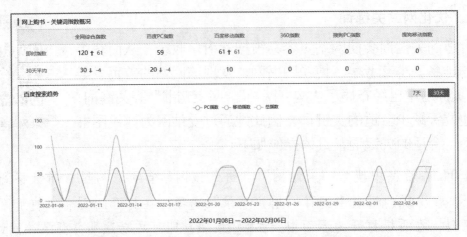

图4-39　查看关键词的相关指数和百度搜索趋势变化情况

步骤 05 从这些关键词中选择与博锐图书网相契合、不包含其他品牌名或网站名、优化难度低的关键词，包括如何网上购书、网上书店购书等。

步骤 06 返回"关键词挖掘"页面，单击搜索框上方的"下拉词"选项卡，在打开的页面中查看推荐的下拉词，如图4-40所示，从中选择合适的关键词，如"网上购书去哪个网站""网上购书去哪个网站更好""网上购书最便宜的网站"等。

序号	下拉词	PC/移动	相关度	优化难度
1	网上购书去哪个网站	<10 / <10	30%	20%
2	网上购书去哪个网站更好	<10 / <10	30%	20%
3	网上购书最便宜的网站	<10 / <10	30%	20%
4	购书网站	36 / 85	20%	20%
5	购书网站哪个最实惠	<10 / <10	20%	20%
6	购书网站排行榜	<10 / <10	20%	20%
7	c++网上购书系统	<10 / <10	15%	20%
8	javaweb的网上购书系统	<10 / <10	15%	20%

图4-40　查看推荐的下拉词

经验之谈

　　长尾词通常放置在网站的新闻、商品、文章及帖子的内容或详情页中。长尾词的流量较少、竞争力较弱，但是通过大量布局，长尾词在数量众多的内页中也能起到一定的作用。

步骤 07 按照上述方法收集大量关键词，然后将其整理好并交给博锐图书网，建议博锐图书网将这些关键词大量布局在板块标题、商品标题、商品描述等内容中。

 知识窗

关键词是搜索引擎营销的基础，因此网络推广人员需要在考虑用户习惯与需求的基础上慎重选择关键词。关键词的选择原则主要有以下5点。

- **关键词要与网站主题相关。** 用户在搜索引擎中搜索时都抱有一定的目的，希望搜索出来的结果能够尽量精准地与自己感兴趣的内容相匹配。如果打开的网页内容与自己输入搜索的关键词毫无关联，用户通常会立即关闭网站，并对网站形成不良的印象。因此，只有与网站主题相关的关键词才可能带来有效流量，从而为企业创造效益。

- **关键词不能太宽泛。** 关键词不宜过于宽泛，如"购书""正版书""买书"等。这些词通常竞争激烈，优化难度大，想要取得好的营销效果就需要付出较高的成本。另外，太宽泛的关键词带来的流量通常不精准，转化率通常也不高。

- **关键词不能太特殊。** 虽然特殊关键词的竞争不会很激烈，但是搜索这个关键词的用户通常很少，设置这类关键词难以达到理想的营销效果。一般来说，企业名称、品牌名称、产品名称都属于特殊关键词，如"北京×××书店"等。

- **选择竞争度低的关键词。** 通常，竞争度越低的关键词越容易优化，有这类关键词的网站在搜索结果中也越容易取得较好的排名。在选择关键词时可以尽量选择搜索量较大而竞争度较小的关键词，在实际工作中，网站推广人员可以通过关键词挖掘工具（如爱站网等）找出这类关键词。

- **选择商业价值高的关键词。** 不同的关键词有不同的商业价值。例如，搜索"《红楼梦》是谁写的"的用户可能只是想了解《红楼梦》的作者，其购买意图不太明确，该关键词的商业价值也就不高；而搜索"在哪里买正版《红楼梦》"关键词的用户的购买意图相当明确，该关键词的商业价值就较高。

动手做

为会计培训网站选择合适的关键词

请同学们通过爱站网为会计培训网站（主要通过提供会计在线培训课程赢利）选择合适的关键词。

👤 活动二　参与搜索引擎竞价

小艾明白，优化搜索引擎虽然不需要支付广告费用，但短时间内难以取得明显的效果，因此她还需要参与搜索引擎竞价，通过竞价付费的形式提高博锐图书网在搜索结果中的排名。小艾需要选择一个合适的搜索引擎，并参与搜索引擎竞价。

第一步 选择搜索引擎

小艾查阅了相关资料后了解到，目前国内主流的搜索引擎有百度、搜狗搜索、360 搜索、神马搜索。

1．百度

百度是知名的中文搜索引擎，致力于向用户提供"简单、可依赖"的信息获取方式。根据 StatCounter 统计的数据，2021 年 10 月，百度搜索在中文搜索引擎市场中所占的份额高达 85.37%，排名第一。

百度拥有巨大的中文网页库，收录的中文网页已超过 1000 亿个。同时，百度分布在全国各地的服务器还能直接将最近的服务器上的搜索信息返回给当地用户，使用户享受良好的搜索体验。百度每天处理来自 100 多个国家和地区数亿次的搜索请求，每天有超过 7 万名用户将百度设为首页，用户通过百度可以搜索到较新、较全的中文信息。目前，百度搜索提供网页、视频、音乐、地图、新闻、图片等搜索服务，如图 4-41 所示。

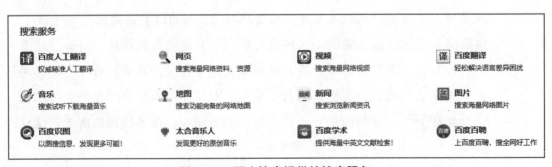

图4-41　百度搜索提供的搜索服务

2. 搜狗搜索

搜狗搜索于 2004 年 8 月 3 日推出，是国内领先的中文搜索引擎。根据 StatCounter 统计的数据，2021 年 10 月，搜狗搜索在中文搜索引擎市场中所占的份额为 5.32%，排名第二。

搜狗搜索从用户需求出发，以人工智能新算法，分析和理解用户可能拥有的查询意图，对不同的搜索结果进行分类，对相同的搜索结果进行归类，引导用户快速、准确地定位目标内容。值得一提的是，搜狗搜索支持微信公众号搜索和知乎搜索，如图 4-42 所示。

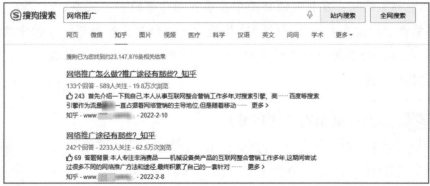

图4-42　微信公众号搜索和知乎搜索

3. 360搜索

360 搜索上线于 2012 年 8 月 16 日，是目前被广泛应用的主流搜索引擎之一。360 搜索提供网页、资讯、图片、良医、百科、问答、软件、趋势、地图等搜索服务。

360 搜索不仅掌握通用搜索技术，而且依托于 360 的安全技术优势，可以全面拦截各类钓鱼欺诈等恶意网站，致力于为用户带来安全、真实的搜索服务体验。目前，360 搜索已建立由数百名工程师组成的核心搜索技术团队，拥有上万台服务器，庞大的蜘蛛爬虫系统每日抓取的网页数量高达十亿个，收录的优质网页数量超过数百亿个，网页搜索速度和质量都较高。

4. 神马搜索

神马搜索是 UC 优视科技有限公司联合阿里巴巴集团控股有限公司推出的一款专注于移动互联网的搜索引擎。依托阿里云多年的技术积累和 UC 浏览器巨大的用户数量，神马搜索在移动搜索引擎市场占有一席之地，根据 StatCounter 统计的数据，2021 年 10 月，神马搜索在移动搜索引擎市场中所占的份额排名第二。

小艾考察了这 4 个搜索引擎后认为，百度在用户量、市场份额方面优势十分明显，参与百度搜索引擎竞价的效果可能会更好，于是决定参与百度搜索引擎竞价。

动手做

使用搜狗搜索

请同学们执行以下操作。

1. 进入搜狗搜索首页，将鼠标指针移到上方"更多"选项处，在打开的列表中选择"全部"选项，在打开的页面中查看搜狗搜索的全部服务。

2. 单击"搜索产品"栏下的"购物搜索"超链接，在打开的页面中搜索"洗衣液"，在打开的页面中查看搜索结果，单击某一款产品的超链接，在打开的页面中查看其价格走势。

第二步 注册并登录百度营销账户

要参与百度搜索引擎竞价，小艾首先需要注册百度营销账户，补充企业的相关信息，并登录账户，具体操作如下。

微课视频

注册并登录百度营销账户

步骤 01 在百度搜索引擎中搜索"百度营销-登录"，进入百度营销登录页面，单击"注册"超链接，如图4-43所示。

步骤 02 在打开的页面中填写用户名、密码、手机号码、验证码等相关信息，单击选中下方的复选框，然后单击 注册 按钮，如图4-44所示。

步骤 03 在打开的页面中输入企业的社会信用代码、联系人、联系电话、联系地址、联系邮箱，然后在"推广行业"下拉列表中选择"文娱传媒>文书期刊"选项，单击选中下方的复选框，最后单击 提交 按钮，如图4-45所示。

图4-43　单击"注册"超链接

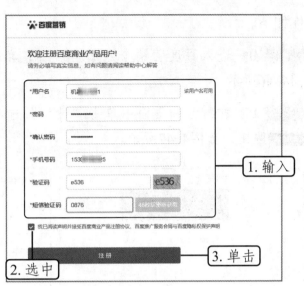

图4-44　填写相关信息

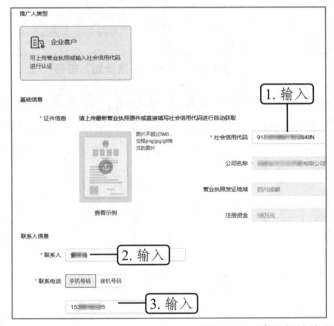

图4-45　填写相关信息

步骤 04 提交后百度将审核信息，审核通过后将显示"您已正式成为百度商业产品用户"，然后单击 登录百度营销平台（133） 按钮，在打开的页面中输入用户名和密码登录账户。

第三步 新建推广计划

接着，小艾新建了名为"网站推广"的推广计划，具体操

微课视频

新建推广计划

作如下。

步骤 01 进入百度营销个人账户后台，单击"搜索推广"旁的 进入 按钮，如图4-46所示。

步骤 02 在打开的页面中单击"计划"选项卡，在打开的选项卡页面中单击 新建计划 按钮，如图4-47所示。

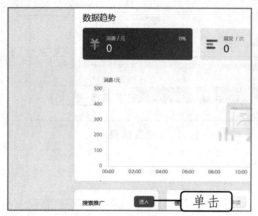

图4-46 单击"进入"按钮 　　　　　图4-47 单击"新建计划"按钮

步骤 03 在打开页面的"营销目标"栏中选择需要的选项，这里默认选择"网站链接"，在"推广设置"板块中单击"其他推广业务"选项卡，在出现的列表中选择"文娱传媒>文书期刊>图书出售>中文图书"选项，单击 确定 按钮，如图4-48所示。

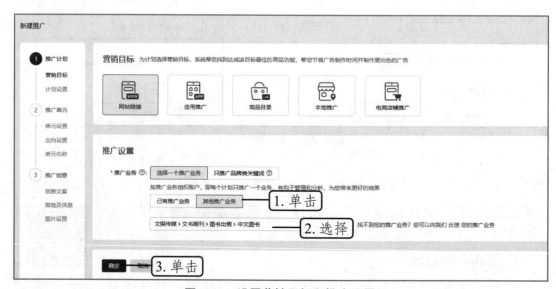

图4-48 设置营销目标和推广设置

步骤 04 在打开页面的"计划名称"文本框中输入"网站推广",然后单击"推广地域"栏中的"自定义计划地域"选项卡,在下方单击"按发展划分"选项卡,然后在"可选城市"列表中单击选中"一线城市""新一线城市""二线城市"复选框,如图4-49所示。

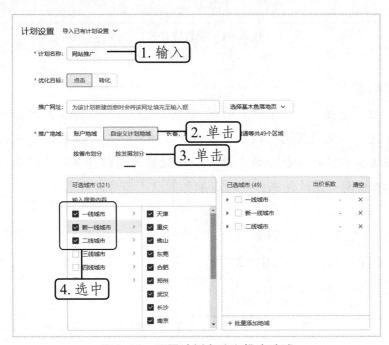

图4-49 设置计划名称和推广地域

步骤 05 在"推广时段"栏中单击"自定义"选项卡,在下方的列表中选择"自定义计划时段"选项,然后在时间表格中按住鼠标左键并拖动,框选周一到周日"19:00—24:00"时间段所在的表格区域,在旁边打开的对话框中设置"出价系数"为"1.1"。然后按相同的方法设置其他时段的出价系数,如图4-50所示。

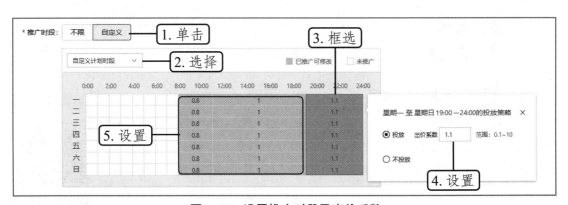

图4-50 设置推广时段及出价系数

步骤 06 在"设备出价设置"栏中单击"以计算机出价为基准"选项卡，设置"移动出价系数"为"1.1"，如图4-51所示。

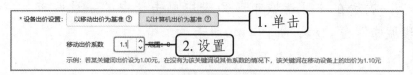

图4-51 设置设备出价

经验之谈

"设备出价设置"栏中有"以移动出价为基准"和"以计算机出价为基准"两种出价方式。如果设置为"以移动出价为基准"，则计算机上的出价会在移动出价的基础上乘以"计算机出价系数"，而设置为"以计算机出价为基准"，移动设备上的出价则会在计算机出价的基础上乘以"移动出价系数"。

步骤 07 在"预算"栏中单击"自定义"选项卡，设置"日预算"为100元，然后单击 保存并新建单元 按钮，如图4-52所示，即可保存推广计划，并打开"新建单元"页面为计划添加推广单元。

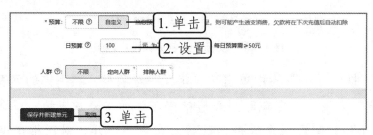

图4-52 设置预算

经验之谈

设置日预算后，当所产生的费用总额达到设定的预算值时，广告会自动下线。

第四步 新建推广单元

小艾了解到，新建推广计划后，还可以在计划中添加多个单元，且每个单元可以单独设置出价和关键词。于是，小艾继续上面的操作，新建了一个名为"工作日推广"的单元，具体操作如下。

微课视频

新建推广单元

步骤 01 在"新建单元"页面的"单元设置"板块中设置"单元出价"为1.2元，在"移动出价系数"栏中单击"使用并设置单元移动出价系数"选项卡，在下方的数值框中输入"1.2"，如图4-53所示。

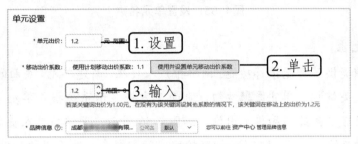

图4-53　设置单元出价

步骤 02 在"定向设置"板块下的"设置关键词"栏中输入"购书网站"，单击 搜索 按钮，在下方打开的列表框中单击选中需要的关键词对应的复选框，单击 添加 按钮将其添加到右侧的"关键词"列表框中，如图4-54所示。

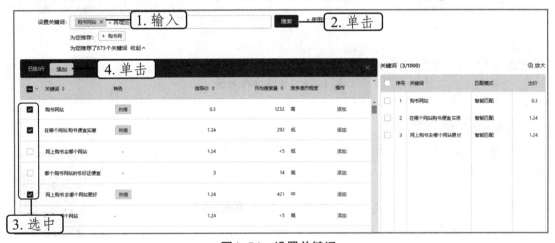

图4-54　设置关键词

经验之谈

图4-54右侧"关键词"列表框中的"出价"列中的数值默认是关键词的指导价，网络推广人员可以自行修改。

步骤 03 在"单元名称"文本框中输入"工作日推广"，然后单击 保存 按钮，如图4-55所示。

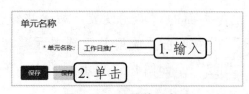

图4-55　设置单元名称

经验之谈

百度营销提供了智能推荐功能，网络推广人员在"新建单元"页面的"智能推荐"栏中输入相关关键词，单击 保存 按钮，页面下方将显示系统推荐单元。每个推荐单元都已经设置好了关键词和单元出价，如图4-56所示，网络推广人员单击需要修改的推荐单元对应的"编辑"超链接，即可按照实际需求在系统设置的基础上进行修改。

图4-56　智能推荐单元

第五步　新建创意

新建好推广计划和推广单元后，小艾还需要为其新建创意，具体操作如下。

微课视频

新建创意

步骤 01 在"新建单元"页面底部单击 下一步新建创意 按钮，打开"新建创意"页面，在"创意文案"板块中的"创意标题""创意描述第一行""创意描述第二行"的文本框中依次输入对应信息。设置完成后右侧的"创意预览"栏中将显示创意的预览效果，如图4-57所示。

经验之谈

在设置创意标题和描述的过程中，输入关键词前可以先单击 +关键词{} ? 按钮，插入"{}"，然后在括号中输入关键词，这样括号中的关键词在最终的广告效果中会以红色文本的形式突出显示。

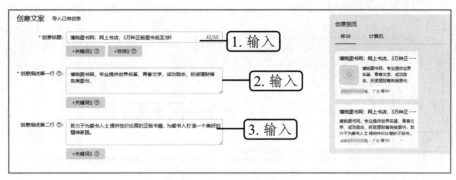

图4-57　设置创意文案

步骤 **02** 在"落地页信息"板块中的"移动访问网址"和"计算机访问网址"栏中分别粘贴博锐图书网移动端首页网址和计算机端首页网址，如图4-58所示。

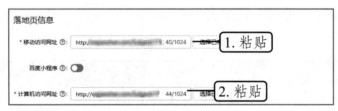

图4-58　粘贴落地页网址

步骤 **03** 在"图片设置"板块中单击缩略图⊠，在打开的"图片库"对话框中单击 本地上传 按钮，在打开的"打开"对话框中选择需要上传的图片（配套资源：\素材\项目四\品牌形象.png），单击 打开(Q) 按钮，"上传图片"对话框中将显示已上传图片的缩略图，单击 确定 按钮关闭该对话框，返回"图片库"对话框，单击 确定 按钮。

步骤 **04** 返回"新建创意"页面，此时页面中已经显示了刚上传图片的缩略图，先选中"移动配图（1）"选项卡在旁边的"图片主题"栏中输入"在线购书网站"，接着选中"计算机配图"选项卡，按同样的方法设置"图片主题"，然后单击 保存 按钮保存此创意，如图4-59所示。最后单击 完成 按钮完成新建推广计划、单元和创意的整个流程。

📇 **经验之谈**

图片主题虽然不会展现给用户，但系统会根据图片主题与用户实际搜索情景的匹配程度来曝光图片，因此，图片主题应根据图片展示内容及推广业务来填写，以吸引精准流量。

图4-59　设置图片主题

任务评价

完成该任务后，请同学们按表4-6所示的内容如实填写自评得分。

表4-6　任务评价

序号	评分内容	分值	自评得分
1	了解搜索引擎的工作原理和目前国内主流的搜索引擎	30分	
2	了解搜索引擎优化的原理和优化网站结构、优化网站关键词的方法	30分	
3	掌握参与搜索引擎竞价的方法	40分	

问题与总结：

合计：＿＿＿＿＿＿＿

拓展任务

请同学们完成以下任务。

（1）在百度中搜索"会计培训"，将鼠标指针移到排名靠前的搜索引擎广告对应的 🔵保障 按钮处，在打开的列表中单击 查看档案 按钮，在打开的页面中查看投放该广告的企业的基本信息。

（2）再次将鼠标指针移到 🔵保障 按钮处，在打开的列表中单击 申请保障 按钮，在打开的页面中查看百度为用户提供了哪些保障。

（3）分别从商业风险和企业社会责任两个方面，思考百度为搜索引擎广告提供保障的原因。

任务四 实施电子邮件营销

任务描述

在多轮推广之后，博锐图书网的用户数有了明显的增长，小艾决定继续为博锐图书网开展电子邮件营销，以增强用户的好感度。经过沟通，博锐图书网愿意支付一定的营销费用，并提供用户邮箱等相关信息，但出于维护企业形象和为用户负责任的态度，博锐图书网要求小艾向用户发送正面、健康的信息，同时不得泄露用户隐私信息。

任务实施

活动一 制定电子邮件推广策略

在实施电子邮件营销之前，小艾首先制定了详细的电子邮件推广策略。

第一步 确定电子邮件营销目标

小艾了解到，电子邮件营销可以实现多种营销目标，包括品牌推广、市场调研、商品或服务促销、客户关系维护等。通过与博锐图书网的沟通，小艾得知，前段时间发布营销软文、投放网络广告、开展搜索引擎营销后，该网站的用户数有明显增长，但用户的忠诚度不高。因此，小艾将此次电子邮件营销的目标确定为客户关系维护。

第二步 确定电子邮件营销的目标人群

李经理告诉小艾，要达到电子邮件营销的目标，需要先确定电子邮件营销的目标人群，即电子邮件的收件人。博锐图书网统计的数据显示，大量新用户（指注册3天内的用户）并未在网站购物，因此小艾决定从这一人群入手，向这些新用户发送邮件，通知其前往网站领取优惠券，以刺激新用户在网站下单购物。

第三步 确定电子邮件列表的获取渠道

所谓电子邮件列表，就是收件人的邮箱地址列表。小艾总结了4种电子邮件列表获取渠道及其优缺点，如图4-60所示。小艾分析了博锐图书网的具体情况：该网站用户在注册时需要填写邮箱地址，该网站目前已积累大量的用户邮箱地址。因此，她认为使用网站内部产生的电子邮件列表即可，无须再寻求另外的渠道。

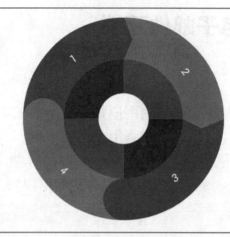

内部产生

通过自有网站/App获取用户注册时填写的邮箱地址，优点是稳妥有效，不需要额外支付费用，缺点是需要长时间积累

吸引用户订阅

通过制作并推送电子邮件期刊的方式吸引用户订阅，从而获取用户的邮箱地址，优点是用户基数大，缺点是只能被动地等待用户订阅

互联网主动收集

通过网络有奖调研等方式收集用户信息，优点是用户精准度较高，缺点是耗时长、需要支付一定的费用

从服务商处购买

购买第三方数据服务商的电子邮件列表资源，优点是耗时短、数量大，缺点是需要支付较高的费用

图4-60　4种电子邮件列表获取渠道及其优缺点

📝 **素养提升小课堂**

　　用户的邮箱地址属于个人信息。我国于2020年发布的《信息安全技术　个人信息安全规范》对个人信息安全相关问题做出了明确规定，有效地保障了用户的个人信息安全。企业及营销人员在开展营销活动时要严格遵守国家的相关规定，保护好用户的个人信息。

第四步 **选择电子邮件发送渠道**

　　小艾考察后发现，目前电子邮件发送渠道主要包括个人或企业邮箱、电子邮件营销平台和自建电子邮件服务器3种。

- **个人或企业邮箱。** 采用个人或企业邮箱发送电子邮件，操作简单、成本很低，但每次群发电子邮件的数量较少，且短时间内频繁发送电子邮件的个人或企业邮箱账号容易被用户拉入黑名单，个人或企业邮箱发出的电子邮件也容易被判定为垃圾邮件。

- **电子邮件营销平台。** 电子邮件营销平台的发送性能强大，发送成功率高，具有多种功能，包括电子邮件阅读统计（统计电子邮件的打开率等指标）、电子邮件地址管理（将用户分为多个组以分别管理）、支持个性化发送电子邮件（不同用户收到的电子邮件内容不同）、模拟手工发送（以降低被判定为垃圾邮件的概率）等，还自带丰富的电子邮件模板，可以大大提高电子邮件营销效率，但个人或企业使用其功能通常需要付费。

> **📋 经验之谈**
>
> 　　国内主流的电子邮件营销平台包括赛邮、双翼邮件群发软件、SendCloud 等。不同平台的收费标准不同，如赛邮按发送邮件数量计费，760元包10万封邮件，而双翼邮件群发软件（商业版）的用户一次性支付980元即可终身使用该软件。

- **自建电子邮件服务器。** 自建电子邮件服务器适合有一定技术实力的企业，其调试成本高，但发送性能强大。

　　小艾与博锐图书网进行了沟通，了解到其不具备自建电子邮件服务器的技术，同时考虑到博锐图书网愿意支付一定的营销费用，因此小艾选择将电子邮件营销平台作为发送渠道，以确保电子邮件营销的效率。

👤 活动二　执行电子邮件营销任务

　　制定好推广策略后，小艾就开始正式执行电子邮件营销任务了。她选择了一款专业的电子邮件群发软件——双翼邮件群发软件，下载并安装该软件后建立了新账户，添加了收件人地址，然后群发了电子邮件。

第一步　下载、安装软件并建立新账户

　　小艾首先下载并安装了双翼邮件群发软件，然后建立了新账户，具体操作如下。

微课视频

下载、安装软件并建立新账户

步骤 01 进入双翼邮件群发软件官网，在首页"我们的产品"栏中单击"邮件群发软件"产品对应的 下载免费版>> 按钮，在打开的页面中单击"双翼邮件群发软件"对应的 ⬇下载免费版 按钮，下载该软件并完成安装。

步骤 02 安装完成后在打开的界面中单击 使用免费版 按钮，在打开的提示对话框中单击 确定(Q) 按钮，如图4-61所示，确认建立新账户。在打开的对话框中单击"SMTP账户"按钮 👤，如图4-62所示。系统将打开"建立SMTP发送邮箱向导"对话框。

图4-61　单击"确定"按钮

图4-62　单击"SMTP账户"按钮

> **经验之谈**
>
> SMTP（Simple Mail Transfer Protocol）即简单邮件传输协议，是一组适用于从源地址向目的地址传送邮件的规则。

步骤 03 根据该对话框的提示，建立SMTP账户要使用邮箱（个人邮箱、企业邮箱等），这里使用个人QQ邮箱（需要在QQ邮箱中开通SMTP功能并获取客户端授权码）。登录QQ邮箱，在首页上方单击"设置"超链接，在打开的页面中单击"账户"选项卡，在打开的选项卡页面中的"POP3/IMAP/SMTP/Exchange/CardDAV/CalDAV服务"栏中单击"POP3/SMTP服务"对应的"开启"超链接，如图4-63所示。

步骤 04 系统将打开"验证密保"对话框，按照对话框中显示的方法发送验证短信，完成后单击 我已发送 按钮，如图4-64所示。

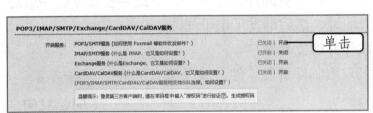

图4-63 单击"开启"超链接

图4-64 发送验证短信

步骤 05 系统将打开"开启POP3/SMTP"对话框，如图4-65所示，复制其中显示的客户端授权码。

步骤 06 返回"建立SMTP发送邮箱向导"对话框，在其中的"电子邮件地址"栏中输入个人QQ邮箱地址，在"密码"栏中输入刚获取的客户端授权码，系统将自动填写账户名称，然后在"邮件中采用的名称"栏中输入"博锐图书网"，单击 下一步(N) 按钮，如图4-66所示。

步骤 07 在打开的界面中单击 测试 按钮，如图4-67所示。系统将打开"测试账户设置"对话框并开始测试之前输入的邮箱地址是否可用，测试成功后将打开提示对话框，单击 确定(O) 按钮，然后在"测试账号设置"对话框中单击 关闭(C) 按钮。

步骤 08 系统将在"建立SMTP发送邮箱向导"对话框中显示发送策略，保持默认设置，单击 完成(M) 按钮，如图4-68所示，完成新账户的建立。

图4-65　"开启POP3/SMTP"对话框

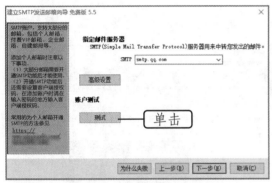

图4-66　输入邮箱地址和客户端授权码

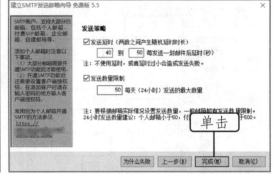

图4-67　单击"测试"按钮

图4-68　单击"完成"按钮

第二步　添加收件人地址

小艾从博锐图书网获取了一批新用户的邮件列表，然后将其作为收件人地址添加到了双翼邮件群发软件中，具体操作如下。

步骤01 在双翼邮件群发软件的主界面中单击"接收邮箱管理"按钮 ，在打开的"接收邮箱地址簿"对话框中单击"新建地址组"按钮 ，如图4-69所示。

步骤02 在打开的对话框中分别输入组名和描述，单击 保存(S) 按钮，如图4-70所示。

微课视频

添加收件人地址

图4-69　单击"新建地址组"按钮

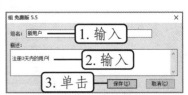

图4-70　输入组名和描述

步骤 03 返回"接收邮箱地址簿"对话框，单击"新建邮件地址"按钮，在打开的"新建地址"对话框中单击"增加多个"选项卡，在打开的选项卡界面的"邮件地址"旁的两个下拉列表中分别选择"全名"和"电话"选项（表示录入格式包含全名和电话两项内容），然后在"地址列表"栏中输入多个地址（每个地址占用一行，格式为"邮件地址,全名,电话"），再单击 保存(s) 按钮，如图4-71所示。

步骤 04 在打开的提示对话框中单击 确定(o) 按钮，返回"新建地址"对话框，单击 关闭(c) 按钮关闭该对话框。返回"接收邮箱地址簿"对话框，可看到"新用户"地址组中已经添加了多个地址，如图4-72所示。

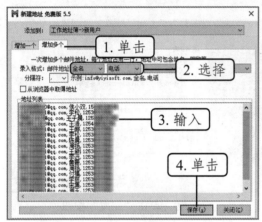

图4-71 新建地址

图4-72 查看新建的地址

经验之谈

除了手动新建地址外，双翼邮件群发软件还支持通过导入TXT等格式的文件来批量新建地址，其方法具体如下：在"接收邮箱地址簿"对话框中单击"导入邮件地址"按钮，在打开的"打开"对话框中选择需导入的文件，单击 打开(o) 按钮，系统将自动识别文件中含有的地址并打开"导入地址"对话框，然后单击 导入(i) 按钮即可成功导入地址，如图 4-73 所示。

图4-73 导入地址

第三步　群发电子邮件

添加收件人地址后，小艾在编辑好了电子邮件的主题和内容后，就群发了电子邮件，具体操作如下。

群发电子邮件

步骤 01 在双翼邮件群发软件主界面中单击"发邮件"按钮 ，打开"群发任务"对话框，单击"收件人"后的 按钮，在打开的列表中可以看到系统已经默认选择了"工作地址簿"选项下的"新用户"地址组，这里保持系统的默认选择，单击 确定(O) 按钮即可，如图4-74所示。

步骤 02 在"主题"栏中填写电子邮件的主题，这里填写"感谢您注册博锐图书网"。

📋 **经验之谈**

用户在看到新邮件时，通常会首先关注邮件的主题，邮件主题在很大程度上决定了用户是否点击查看邮件。因此，邮件主题应简洁、明确、直观。

步骤 03 在下方的电子邮件内容编辑区域中输入内容，然后在电子邮件正文上方插入一行，输入"尊敬的，您好："字样，然后将鼠标指针定位到"尊敬的"之后，单击"插入宏"按钮 ，在打开的列表中选择"全名"选项，如图4-75所示。

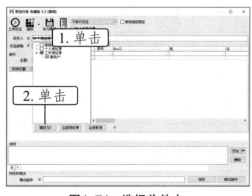

图4-74　选择收件人

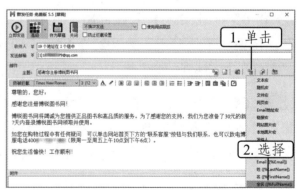

图4-75　插入"全名"宏

📋 **经验之谈**

宏是一种规则或模式，用于说明某一特定输入（通常是字符串）如何根据预

定义的规则转换成对应的输出（通常也是字符串）。插入"全名"宏后，系统会将其转换为特定用户的全名，因而用户在打开邮件后会在插入宏的位置看到自己的姓名。例如，用户李莉在收到邮件时，看到的邮件开头就是"尊敬的李莉，您好："。这样的操作可以让邮件内容更加个性化，让用户感受到更大的诚意。

步骤 04 单击 防被拦截 按钮，在打开的列表中单击选中"随机插入特殊字符"复选框，如图4-76所示，完成后再次单击 防被拦截 按钮。

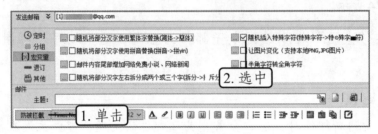

图4-76　设置防被拦截

经验之谈

内容高度重复的群发邮件很容易被判定为垃圾邮件，因此网络推广人员可以在电子邮件内容中加入变量（如步骤3中插入的"全名"宏、步骤4中随机插入的特殊字符），使得每一封发出的电子邮件都不完全一样，从而降低其被判定为垃圾邮件、被拦截的概率。

步骤 05 单击"高级"按钮，在打开的列表中单击选中"定时发送"复选框，设置"开始时间"为2022年4月8日10点，如图4-77所示。完成后再次单击"高级"按钮收起列表。

步骤 06 单击"群发任务"对话框底部的 预览 按钮，在打开的"邮件预览"对话框中预览邮件内容，确认无误后单击右上角的×按钮，然后单击"群发任务"对话框中的"定时发送"按钮，如图4-78所示。

经验之谈

电子邮件通常可以添加附件，但需要注意的是，网络推广人员在开展电子邮件营销时应把内容安排在电子邮件的正文部分，尽量避免使用附件。因为附件的下载会给用户的操作带来麻烦，其打开率往往不高。

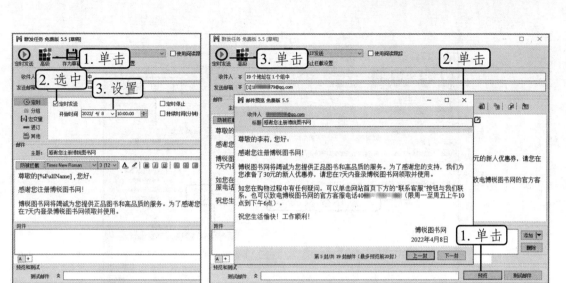

图4-77　设置定时发送　　　　　　　图4-78　预览并发送

步骤 07 电子邮件发送完成后，在主界面左侧列表中选择"已发送"选项，主界面的中间区域将显示电子邮件的发送情况，如图4-79所示。

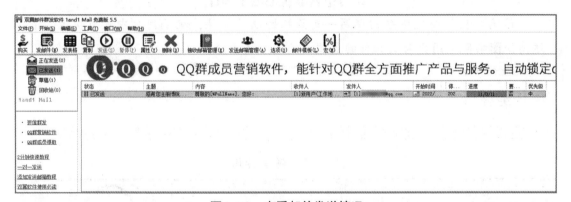

图4-79　查看邮件发送情况

📂**经验之谈**

天翼邮件群发软件提供电子邮件模板，网络推广人员在编辑电子邮件时可以直接使用。使用方法具体如下：在"群发任务"对话框中单击 按钮，在打开的列表中选择需要的电子邮件模板，电子邮件内容编辑区域将自动显示模板内容，如图4-80所示，然后在此基础上进行修改即可。

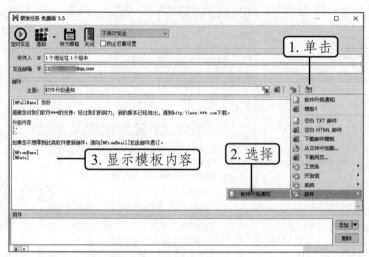

图4-80　使用电子邮件模板

动手做

撰写中秋节祝福电子邮件

请同学们替博锐图书网撰写一封简短的电子邮件，祝福用户中秋节快乐，表达博锐图书网与用户长久相伴的愿望，给用户送去温暖。

任务评价

完成该任务后，请同学们按表4-7所示的内容如实填写任务实施情况。

表4-7　任务评价

序号	评分内容	分值	自评得分
1	能够制定电子邮件推广策略	40分	
2	能够执行电子邮件营销任务	60分	

问题与总结：

合计：_____

拓展任务

请同学们完成以下任务。

（1）前往自己常用于注册账户的邮箱，查看自己收到的营销类电子邮件。

（2）简单总结一下哪些企业经常给自己发送营销类电子邮件。

（3）谈谈自己收到的营销类电子邮件的内容、表现形式。

项目总结

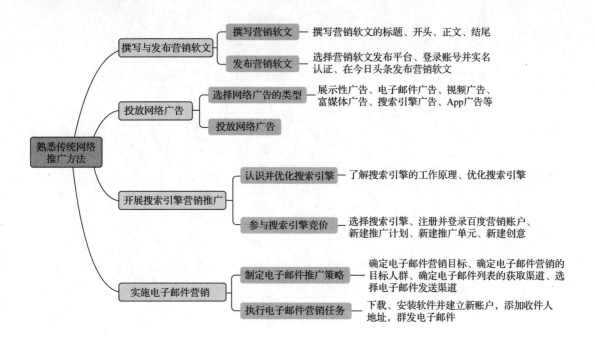

项目五

开展新媒体营销

职场情境

　　多克运动用品有限公司（以下简称多克运动）是一家专门研发和销售运动用品的公司，多年来致力于为用户提供高质量的商品及专业的运动知识。多克运动的主要用户群体是热爱运动的年轻人，品牌整体风格偏年轻化。该公司最近推出了3款新品，分别是多克羽毛球拍、多克运动护膝和多克智能无绳跳绳，委托特讯运营开展营销，为这3款新品做宣传。

　　李经理带领小艾在年轻人聚集的新媒体平台上为多克运动做宣传，通过有价值的内容吸引用户关注，并增加新品销量。

学习目标

✈ 知识目标

1．了解微博营销的相关知识。

2．掌握微信营销的相关知识。

3．理解短视频营销和直播营销的相关知识。

✈ 技能目标

1．能够注册微博账号并设置账号资料、策划并发布微博营销内容，以及开展微博营销活动。

2．能够设置微信个人账号并发布朋友圈动态进行营销。

3．能够注册、设置微信公众号，并发布微信公众号推送文章。

4．能够应用短视频营销、直播营销的技巧。

✈ 素养目标

1．增强对新媒体行业发展动态的敏感性。

2．在开展营销工作的同时加强承担社会责任的意识。

任务一　开展微博营销

任务描述

　　微博是目前国内十分热门的新媒体平台，拥有巨大的流量和影响力，因此多克运动要求小艾首先在微博上为多克羽毛球拍做宣传，扩大该产品的影响力。多克羽毛球拍采用的是铝合金材质，手感轻盈、穿孔细腻，独特的框拍设计能有效减小空气阻力，使持拍者挥拍更加灵活。小艾决定首先注册并设置微博账号，然后在微博中发布营销活动的相关信息，并利用微博营销活动增加微博粉丝的数量并提高其活跃度。

任务实施

👤 活动一　注册微博账号并设置账号资料

　　小艾首先进入微博官网，单击右侧的"注册"超链接，打开注册页面，在"个人注册"选项卡下输入手机号、密码、生日和激活码，单击 立即注册 按钮，然后在打开的页面中分别

微课视频

设置微博账号

输入昵称"多克运动"、生日、性别和所在地等，注册了微博账号。

紧接着，小艾又设置了简介、公司名称、头像等账号资料，具体操作如下。

步骤 01 单击微博页面右上角的 ⚙ 按钮，在打开的下拉列表中选择"账号设置"选项，如图5-1所示。单击"个人资料"栏对应的"编辑"超链接，在展开界面的"简介"栏中输入对多克运动的简单介绍，完成后单击 保存 按钮，如图5-2所示。

图5-1 选择"账号设置"选项

图5-2 设置简介

步骤 02 单击"公司"栏后的 + 添加更多工作信息 按钮，在"公司名称"栏中输入多克运动的名称，单击 保存 按钮，如图5-3所示。

步骤 03 将鼠标指针移到头像处，单击出现的 📷 按钮，在打开的"编辑头像"对话框中单击 更换头像 按钮，在打开的"打开"对话框中选择多克运动的Logo图片（配套资源：\素材\项目五\头像.png），单击 打开(O) 按钮，此时页面中将显示上传的头像，单击 保存 按钮，如图5-4所示。

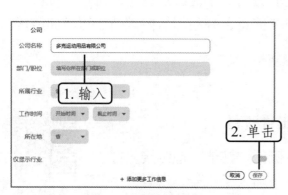

图5-3 设置公司名称

图5-4 设置头像

活动二　策划并发布微博营销内容

小艾想发布微博为多克羽毛球拍进行营销，让更多用户了解该产品。微博上有大量不同种类的营销内容，主要包括产品销售类、品牌推广类和内容分享类。小艾认为，多克羽毛球拍有足够的卖点，将这些卖点表述清楚就可以吸引用户，因此她决定发布产品销售类微博。

第一步　策划微博营销内容

为了增强微博营销的效果，小艾认真策划了微博营销内容，包括选择并加入话题、撰写微博内容及选择配图，具体操作如下。

步骤 01 小艾浏览了各大运动用品商家的微博，发现他们在发布微博时通常会加入话题。这些话题有很大的浏览量和讨论量，因此，小艾决定在发布的微博中加入话题。

步骤 02 小艾在微博首页的搜索框中输入关键词"羽毛球"，按【Enter】键，在搜索结果页面左侧列表选择"话题"选项，在打开的页面中选择与"羽毛球"相关的话题，由于发布微博时正值羽毛球世锦赛，因此小艾选择"2022德国羽毛球公开赛"这一应景的话题，以吸引羽毛球爱好者的注意，如图5-5所示。

图5-5　选择话题

📑 经验之谈

一般来说，当下实时热点、热门微博、热门话题榜中的内容都比较适合作为话题。在选择话题时，网络推广人员通常需要遵循两个基本原则：一是话题必须能激发用户的讨论热情，应与用户的生活息息相关；二是要保证营销信息与话题之间具有相关性，不能牵强附会，避免引起用户反感。

动手做

查看微博热点

请同学们执行以下操作。

1. 进入微博首页，单击右侧的"微博热搜"栏下的"查看完整热搜榜单"超链接，在打开的页面中查看当前的微博热搜内容。

2. 选择左侧列表中的"话题榜"选项，在打开的页面中浏览当前的热门话题。

步骤 03 在撰写微博文字内容时，小艾借用了女双组合赢球这一话题。她先祝贺两位运动员取得了优异的成绩，然后转而介绍羽毛球拍对比赛的重要性，最后植入多克羽毛球拍的营销信息。写好的微博文字内容如图5-6所示。

在昨天的比赛中×××/×××以2:0力克来自韩国队的强敌××/××，顺利晋级下一轮。恭喜她们！细心的球迷们都发现了，在这次比赛中，×××/×××的杀球十分凌厉，不仅球速快，而且干净利落。大家知道吗？羽毛球拍在比赛中的作用不容小觑，手感好的羽毛球拍能加强进攻火力、扩大防守面积、提高控球精度。多克羽毛球拍采用的是铝合金材质，手感轻盈、穿孔细腻，独特的框拍设计能有效减小空气阻力，使持拍者挥拍更加灵活。这款球拍是热门款，很多买了的小伙伴都球技大涨，让球友刮目相看。你还在犹豫什么？赶紧点击链接购买吧！

图5-6　微博文字内容

步骤 04 小艾还结合微博文字内容，从商家提供的图片中选择了一张羽毛球拍的外观图（见图5-7）和两张羽毛球拍的细节图（见图5-8）。

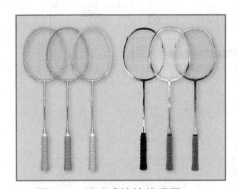

图5-7　羽毛球拍的外观图

图5-8　羽毛球拍的细节图

第二步 发布微博营销内容

在策划好微博内容后，小艾立即在微博上进行了发布，具体操作如下。

步骤 01 在微博首页的文本输入框中单击"话题"按钮#，输入"2022德国羽毛球"，在打开的列表中选择"2022德国羽毛球公开赛"选项，添加该话题，如图5-9所示。

微课视频

发布微博营销内容

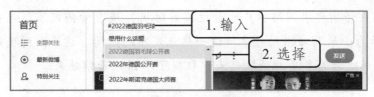

图5-9 添加话题

步骤 02 输入之前写好的微博文字内容，添加产品购买链接。移动鼠标指针至"让球友刮目相看。"后，单击"表情"按钮☺，在打开的列表中选择图5-10所示的表情。

步骤 03 单击☒按钮，在打开的"打开"对话框中选择需要添加的产品图片，单击 打开(O) 按钮添加图片（配套资源：\素材\项目五\羽毛球拍1~3.png）。完成后单击 发送 按钮，如图5-11所示。

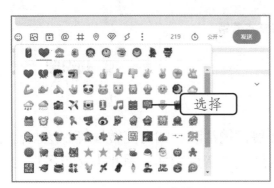

图5-10 添加表情   图5-11 发布微博

 知识窗

1. 微博营销内容的种类

微博营销内容主要分为产品销售类、品牌推广类和内容分享类。

- **产品销售类**。此类内容侧重于直接推销产品，主要是对产品的介绍。

- **品牌推广类**。此类内容侧重于宣传品牌故事、品牌理念、品牌成就，旨在展现品牌的实力和良好形象。

- **内容分享类**。此类内容侧重于分享有趣、搞笑、实用的内容，以吸引用户关注，获取流量。

2. 借助热点营销

除了利用话题外，借助热点营销也是微博营销常用的方法。热点可以是网络流行语、娱乐新闻、社会事件等，也可以是节日等。

借助热点营销要求网络推广人员把握好时机，找准营销内容与热点的关联。图 5-12 所示为小米商城借助母亲节这一热点发布的微博。这条微博巧妙地将智能家电与给妈妈减轻家务负担关联起来，取得了不错的营销效果。

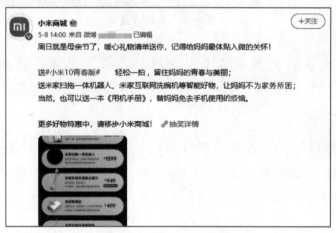

图5-12　借助热点营销

活动三　开展微博营销活动

小艾发现，很多商家经常在微博上开展营销活动，如有奖转发等。这些营销活动相关微博的评论数和转发量通常远远超过普通微博，因此小艾与多克运动商定后，决定开展微博营销活动。

第一步 了解微博营销活动的种类

微博营销活动主要包括 3 类，分别是有奖转发、有奖征集和有奖竞猜。

1. 有奖转发

有奖转发大多以"转发 + 关注"的形式开展，即微博用户关注并转发微博，就可以参与活动，并有机会获得奖品，如图 5-13 所示。有奖转发不仅可以有效增加微博账号的粉丝，还可以扩大营销信息的传播面，使营销信息覆盖更多用户。

> **素养提升小课堂**
>
> 商家开展营销活动时要严格遵守活动规则，如抽奖时要保证公平、公正，不能凭个人喜好将奖品发放给认识的人，抽奖后要及时公布获奖者名单。商家只有做到诚实守信，才会给用户留下好的印象。

2. 有奖征集

有奖征集是指商家开展的针对创意、文案、祝福语、买家秀图片等的征集活动，用户根据要求参与活动，就有机会获得奖品，如图 5-14 所示。

图5-13 有奖转发

图5-14 有奖征集

3. 有奖竞猜

有奖竞猜是指商家提供谜面，由用户来猜谜底的活动，竞猜内容包括文字、图片、谜语、价格等，竞猜成功的用户就有机会获得奖品。该活动的主要目的是调动用户的互动积极性，加强商家与用户之间的联系。图 5-15 所示为天猫在新品上市时发布的有奖竞猜活动。

图5-15 有奖竞猜

第二步 开展微博营销活动

小艾考虑到有奖转发活动既可以增加粉丝，又可以增加微博的转发量，扩大微博的传播范围，所以策划并发布了一条有奖转发微博，具体操作如下。

步骤 01 撰写羽毛球拍相关的营销信息，提炼羽毛球拍的核心卖点，内容不宜过多。小艾撰写的内容为"多克羽毛球拍，手感轻盈、穿孔细腻，采用独特的框拍设计，能有效减小空气阻力，让持拍者挥拍更加灵活。现在前往多克淘宝旗舰店购买可享8折优惠。"

步骤 02 撰写有奖转发活动规则，有奖转发活动一般会要求用户关注微博账号并转发该条微博，然后承诺于某一具体时间在参与活动的用户中抽出数位中奖者，送出某一奖品。小艾设置的活动规则如下："关注并转发此微博，5月20日上午10点，我将随机抽取5位幸运的小伙伴送羽毛球拍一支哦！"

步骤 03 选择微博配图，小艾选择了一张羽毛球拍的外观图，以加深用户对产品和品牌的印象。

步骤 04 将产品营销信息与活动规则结合起来，按照活动二中第二步的方法发布微博。微博发布效果如图5-16所示。

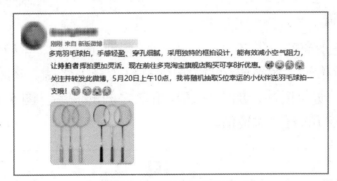

图5-16 微博发布效果

💬 **任务评价**

完成该任务后，请同学们按表5-1所示的内容如实填写任务实施情况。

表5-1 任务评价

序号	评分内容	分值	自评得分
1	能够注册微博账户并设置账户资料	20分	
2	能够策划并发布微博营销内容	50分	
3	能够开展微博营销活动	30分	

问题与总结：

合计：_____

✖ 拓展任务

现有一款外婆家牌低芥酸菜籽油，其核心卖点是芥酸含量不超过总脂肪酸的 2%。请同学们完成以下任务。

（1）撰写一条添加"养生"话题并营销该产品的微博。

（2）策划有奖转发活动。

任务二 开展微信营销

任务描述

微信目前拥有大量活跃用户，已经成为很多用户日常生活中不可缺少的一部分，因此小艾将微信作为此轮营销的重点平台。与多克运动沟通后，小艾决定通过微信个人账号开展朋友圈营销，塑造亲和形象，并继续宣传羽毛球拍；通过微信公众号树立专业的品牌形象，并宣传多克运动护膝（透气、排汗，内置双侧螺旋弹簧条）。

任务实施

👤 活动一 开展微信个人账号营销

小艾认为，要开展微信个人账号营销，首先需要打造具有特色的微信个人账号，争取给微信好友留下深刻印象，然后通过发布朋友圈动态来传达营销信息。而微信个人账号的特色则直观地体现在昵称、头像和个性签名上。

第一步 设置微信个人账号

小艾打开微信 App，设置了微信个人账号的昵称、头像和个性签名，具体操作如下。

微课视频

设置微信个人账号

步骤 01 打开微信App，点击微信主界面中的"我"选项，在打开的界面中点击默认的账号头像，如图5-17所示。

步骤 02 打开"个人信息"界面，点击"头像"选项，打开"头像"界面，点击右上角的 ■ 按钮，在打开的列表中点击"从手机相册选择"选项，如图5-18所示。

步骤 03 在打开的界面中点击需要上传的头像图片（配套资源：\素材\项目五\头像.png），进入图片编辑界面，点击 确定 按钮，如图5-19所示。

步骤 **04** 返回"个人信息"界面，点击"昵称"选项，打开"更改名字"界面，输入"多克运动小艾"，点击 保存 按钮。

步骤 **05** 返回"个人信息"界面，点击"更多信息"选项，打开"更多信息"界面，点击"个性签名"选项，打开"个性签名"界面，输入"多克运动，专业的运动用品品牌。"，点击 保存 按钮，如图5-20所示。

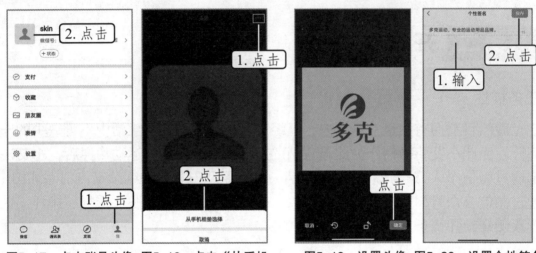

图5-17　点击账号头像　图5-18　点击"从手机相册选择"选项　图5-19　设置头像　图5-20　设置个性签名

✏️ 动手做

识别微信个人账号的信息

图 5-21 所示为一些微信个人账号的昵称、头像和个性签名，假如给你 5 秒的时间，你能记住哪些信息？

图5-21　一些微信个人账号的昵称、头像和个性签名

第二步 发布朋友圈动态进行营销

接着，小艾发布了朋友圈动态进行营销，具体操作如下。

步骤 **01** 进入"朋友圈"界面，点击右上角的 📷 按钮，在打开的列表中点击"从相册选择"选项，如图5-22所示，选择要发布的照片后点击 完成(3/9) 按钮。

步骤 **02** 在打开的界面中输入图5-23所示的文字内容，点击

微课视频

发布朋友圈动态
进行营销

下方的"谁可以看"选项。

步骤 03 在打开的界面中点击"部分可见"单选项，然后点击"从通讯录选择"选项，如图5-24所示，在打开的界面中选择可以查看该条动态的微信好友，连续点击 完成 按钮，返回文字输入界面，点击 发表 按钮，发布朋友圈动态。

图5-22　点击"从相册选择"选项

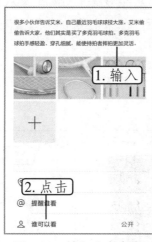

图5-23　输入文字内容

图5-24　设置可以查看该条动态的微信好友

经验之谈

　　除了直接在朋友圈中发布营销信息外，网络推广人员还可以将用户的评价发布在朋友圈中，让更多的微信好友了解品牌的正面形象，如图5-25所示，这种以微信对话框截图的形式展现的评价显得真实可信，更容易获得用户的认可和信任。

图5-25　展示用户评价

👤 活动二　开展微信公众号营销

　　使用微信个人账号开展营销后，小艾又注册了一个微信公众号，设置好公众号头像后，就开始使用微信公众号发布推送文章，为多克运动做宣传。

第一步 注册并设置微信公众号

小艾首先注册了"多克运动"微信公众号，然后设置了头像，具体操作如下。

微课视频

注册并设置微信
公众号

步骤 01 在计算机上利用浏览器搜索"微信公众平台"，进入微信公众平台官网，单击页面右上角的"立即注册"超链接，如图5-26所示。

步骤 02 打开微信公众号注册页面，选择"订阅号"选项，如图5-27所示。

图5-26 单击"立即注册"超链接

图5-27 选择账号类型

步骤 03 打开邮箱注册页面，在"邮箱"文本框中输入邮箱地址，单击 激活邮箱 按钮，如图5-28所示。在打开页面的"验证码"文本框中输入对应图片中显示的内容，单击 发送邮件 按钮。

步骤 04 登录邮箱，打开微信公众平台发送的邮件，找到其中的验证码，然后返回邮箱注册页面，在"邮箱验证码"文本框中输入正确的验证码，再输入并确认密码，单击选中"我同意并遵守《微信公众平台服务协议》"复选框，单击 注册 按钮，如图5-29所示。

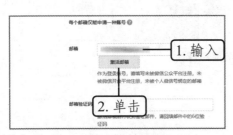

图5-28 输入邮箱地址

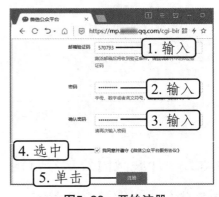

图5-29 开始注册

步骤 05 打开"选择类型"页面，在其后的下拉列表框中根据实际情况选择企业注册地，单击 确定 按钮，如图5-30所示。

步骤 06 在打开的页面中单击"选择并继续"超链接，如图5-31所示。打开"温馨提示"对话框，单击 确定 按钮。

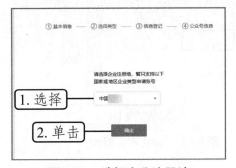

图5-30 选择企业注册地

图5-31 单击"选择并继续"超链接

步骤 07 打开"信息登记"页面，根据需要选择相应的主体类型，这里单击 个人 按钮，如图5-32所示。打开确认身份页面，在其中输入身份证信息，如图5-33所示。

图5-32 选择主体类型

图5-33 输入身份证信息

步骤 08 使用微信App"扫一扫"功能扫描对应的二维码，手机将打开"微信公众号注册身份信息确认"界面，用户在确认身份信息无误后点击 确定 按钮，如图5-34所示。在打开的界面中，点击下方的单选项，然后点击 下一步 按钮，如图5-35所示。打开"人脸识别"界面，根据提示完成人脸识别，待提示验证通过后，点击 确定 按钮结束验证。

步骤 09 返回计算机上的"信息登记"页面，在"管理员信息登记"栏的"管理员手机"文本框中输入管理员的手机号，单击 发送验证码 按钮，在"短信验证码"文本框中输入验证码，如图5-36所示，完成后单击 继续 按钮。打开提示对话框，单击 确定 按钮。

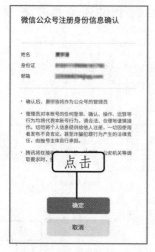

图5-34 确认身份信息

图5-35 确认本人操作

📋 **经验之谈**

　　若创作者在其他平台已有一定的知名度，可以在"创作者昵称"栏中设置自己的昵称（相当于笔名），并单击 上传文件 按钮上传相应的证明材料，为申请通过提供更有力的数据支持。

步骤 10 在打开的页面中设置账号名称、功能介绍、内容类目、运营地区等，单击 完成 按钮，如图5-37所示。

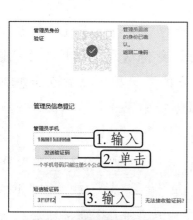

图5-36 输入管理员信息

图5-37 输入微信公众号信息

步骤 **11** 注册完成后，系统提示信息提交成功，在打开的提示对话框中单击 前往微信公众平台 按钮。

步骤 **12** 进入微信公众平台首页，单击右上角头像旁边的下拉按钮∨，在打开的列表中选择"账号详情"选项。

步骤 **13** 在打开的"公众号设置"页面中将鼠标指针移到头像处，单击出现的 ⓘ 按钮，如图5-38所示，在打开的"修改头像"对话框中单击 选择图片 按钮，在打开的"打开"对话框中选择多克运动的Logo图片（配套资源：\素材\项目五\头像.png），单击 下一步 按钮，如图5-39所示。在打开的界面中单击 确定 按钮，完成头像的修改。

图5-38 修改头像

图5-39 修改头像

第二步 撰写并发布微信公众号推送文章

小艾首先撰写了与保护膝盖相关的推送文章，植入了多克运动护膝的营销信息，然后通过微信公众平台进行了发布。

1. 撰写推送文章

小艾向一名专业健身教练请教了关于护膝的相关知识，准备以专业健身教练的口吻展开叙述，然后将推送文章分为标题、正文、结尾3部分，并分别撰写了各部分的内容，具体操作如下。

步骤 **01** 拟定一个疑问式的标题——"关节炎犯了？运动时没有保护膝盖吧！健身教练教你如何做好运动防护"，以吸引用户点击阅读。

步骤 **02** 撰写推送文章的正文。在正文中首先表明自己的身份——专业的健身教练，说明这篇推送文章基于自己的多年健身经验，都是干货内容，以吸引用户继续阅读；然后简单解释膝盖为什么容易受损，以及保护膝盖的方法，包括适度运动、运动前做好热身、选择适宜的场地、学习正确的姿势、使用护膝等。在使用护膝部分植入多克运动护膝的营销信息，详细介绍其独特的设计和作用，解释这款护膝为什么能有效保护膝盖。

步骤 03 撰写推送文章的结尾。在推送文章的结尾加入产品的优惠信息和购买方式，激发用户的购买欲望。

2. 发布推送文章

小艾在微信公众平台中发布了写好的推送文章，具体操作如下。

微课视频

发布推送文章

步骤 01 登录微信公众账号，进入微信公众平台首页，选择页面右侧"新的创作"面板中的"图文消息"选项，如图5-40所示。

图5-40 选择"图文消息"选项

步骤 02 在打开的页面中输入文章标题："关节炎犯了？运动时没有保护膝盖吧！健身教练教你如何做好运动防护"，提行输入作者，即"小艾"，如图5-41所示。

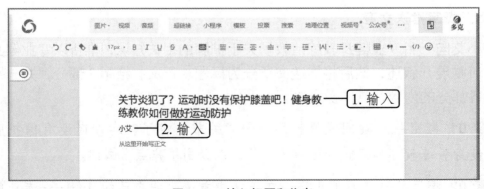

图5-41 输入标题和作者

步骤 03 输入正文内容，这里直接复制素材文档（配套资源：\素材\项目五\微信公众号推送文章.docx）中的内容。

步骤 04 在正文内容末尾处按【Enter】键换行，单击页面上方的 图片· 按钮，在打开的下拉列表中选择"本地上传"选项，如图5-42所示。

图5-42　选择"本地上传"选项

步骤 05 打开"打开"对话框，选择需要发布的图片（配套资源：\素材\项目五\护膝图片1～3.png），然后单击 打开(O) 按钮。此时图片将上传到页面中，如图5-43所示。

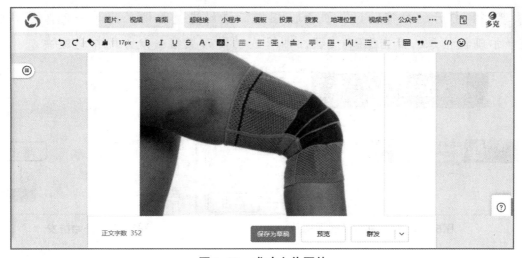

图5-43　成功上传图片

步骤 06 在页面下方"封面和摘要"栏中的文本框中输入推送文章的摘要，然后单击＋按钮，在打开的下拉列表中选择"从正文选择"选项，如图5-44所示。

步骤 07 在显示的界面中选择需要设置为封面的图片，然后单击 下一步 按钮，如图5-45所示。

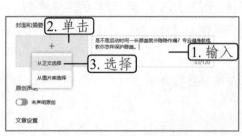

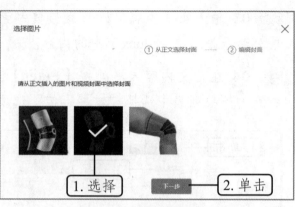

图5-44　设置封面和摘要　　　　　　图5-45　选择封面图片

步骤 08 在显示的页面中调整区域的控制点可以调整图片的显示内容，此处不调整，直接单击 完成 按钮，如图5-46所示。

步骤 09 返回推送文章的编辑页面，单击页面底部的 群发 ∨ 按钮，打开"群发消息"页面，确认无误后单击 群发 按钮，如图5-47所示。

步骤 10 打开提示对话框，提示"消息开始群发后无法撤销"，单击 继续群发 按钮。

步骤 11 打开"微信验证"页面，扫描二维码进行验证，此时手机微信界面将显示确认信息，点击 确定 按钮，即可成功发布微信公众号的推送文章。

图5-46　调整并确认封面图片　　　　图5-47　开始群发

🛎️动手做

浏览微信公众号推送文章

请同学们在微信中搜索任一微信公众号，完成以下任务。

1. 查看微信公众号简介，了解微信公众号所属商家。

2. 点击查看3篇微信公众号推送文章，看看其内容分别涉及什么主题，评价其标题是否具有吸引力、配图和排版是否美观。

知识窗

1. 微信公众号的类型

微信公众平台目前提供了服务号、订阅号、小程序和企业微信4种账号类型。

- **服务号。**服务号具有用户管理和提供业务服务的能力，服务效率比较高，主要侧重于服务交互，银行、移动通信运营商等可以选择服务号。企业若已有一定知名度，需要利用微信公众号来完善服务体系，可优先考虑开通服务号。服务号认证后每个月可群发4条消息，还可开通微信支付功能。

- **订阅号。**订阅号具有信息发布和传播的能力，可以展示自己的个性、特色和理念，树立自己的品牌文化。例如，"十点读书""人民日报""中国电信"等都是非常热门的订阅号。订阅号侧重于为用户传达资讯（类似报纸、杂志），认证后每天可以群发一条消息，具有较大的传播空间。对于很多想单纯通过微信公众号推送文章"引流"的商家而言，订阅号无疑更适合。

- **小程序。**小程序是微信提供的一种开放功能，类似于App，不过无须下载安装，不占手机内存，适合有服务内容的企业和组织注册。

- **企业微信。**企业微信不仅可以实现企业内部沟通与内部协同管理，还提供了丰富的客户管理功能，可以让企业为客户提供专属服务。

2. 微信公众号推送文章封面的选择

封面是微信公众号推送文章主题的图片化展示，可以快速地引起用户的阅读兴趣。在选择微信公众号推送文章的封面时，大品牌可以发挥品牌优势，直接使用品牌的产品图、外景图等；小品牌可以自行设计一些风格统一、符合微信公众号定位的原创图片。图5-48所示为阅读量大的微信公众号推送文章的封面。

图5-48 阅读量大的微信公众号推送文章的封面

 知识窗

💬 **任务评价**

完成该任务后，请同学们按表 5-2 所示的内容如实填写任务实施情况。

表 5-2　任务评价

序号	评分内容	分值	自评得分
1	能够设置微信个人账号并发布朋友圈动态进行营销	40 分	
2	能够注册、设置微信公众号，并发布微信公众号推送文章	60 分	

问题与总结：

合计：_____

✖ **拓展任务**

请同学们发布一条朋友圈动态，为 ×× 品牌的运动包做营销，要求内容结合日常生活，如"今天跟朋友一起去爬山了，中途遇上下大雨，还好背了 ×× 品牌的运动包，这款运动包可以展开用作雨衣，让我避免变成落汤鸡！"，并配上相关图片（配套资源：\ 素材 \ 项目五 \ 运动包 1 ~ 3.jpg）。

任务三　开展短视频营销

任务描述

相较于文字和图片，短视频更能直观地展现商品的特点。多克运动需要小艾利用短视频为多克智能无绳跳绳（配有电子屏幕，能实时记录跳绳数据）做宣传，并表示愿意支付一定的推广费用，但要求选择一个与其品牌定位相契合的短视频营销平台，并在一周内通过短视频增加多克智能无绳跳绳的销量。于是，小艾首先选择了短视频营销平台，然后确定了短视频营销方法，最后应用了营销技巧发布短视频，以提高短视频的热度。

任务实施

👤 **活动一　选择短视频营销平台**

小艾了解到，目前热门的短视频平台包括抖音、快手、微信视频号、西瓜视频等。于是她逐一了解对比了这些平台，打算为多克运动选择与其品牌定位相契合的短视频营销平台。

第一步 **了解抖音**

抖音是北京字节跳动科技有限公司旗下的一款短视频软件，是国内主流的短视频平台之一。抖音定位为一个面向全年龄段用户的短视频社区平台，2016年上线后迅速积累了大量的用户。抖音的优势主要有用户群体量大、营销效率高、用户转化率高和推送精准等，如图5-49所示。抖音非常适合短视频新手入驻。

用户群体量大	营销效率高	用户转化率高	推送精准
目前，抖音的日活跃用户数量超过了6亿人，一、二线城市用户的占比较大	以用户流量为基础，将营销信息融入短视频，大大提高了营销效率	通过多种变现方式对大量的用户进行转化，大大提高了商品销量	利用大数据、人工智能等技术分析用户的兴趣爱好，有针对性地推送

图5-49 抖音的优势

第二步 **了解快手**

快手是北京快手科技有限公司旗下的短视频平台，也是目前短视频行业的领头羊之一。快手的前身叫"GIF快手"，诞生于2011年3月，最初是一款制作、分享GIF图片的手机应用软件。2012年11月，快手从纯粹的工具应用软件转型为短视频社区软件，让用户可以记录和分享生活。

快手短视频的内容多元化，更新速度较快。相关数据统计显示，快手目前在短视频平台中名列第二，月活跃用户超过了4亿人，其用户多位于下沉市场（三线及以下城市、县镇与农村地区），社交互动积极性强。

第三步 **了解微信视频号**

微信视频号是微信官方于2020年1月推出的短视频平台。微信视频号的入口位于微信App中朋友圈入口的下方（见图5-50）。基于微信巨大的活跃用户群，微信视频号在短时间内就获得了超过两亿人的活跃用户。用户在微信视频号发布短视频可以添加微信公众号推送文章的链接，而且发布短视频后，可以将其转发到微信朋友圈或微信群，借助微信的流量，扩大短视频的影响力。

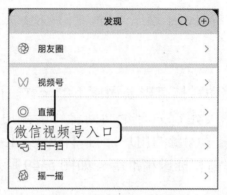

图5-50 微信视频号入口

第四步 了解西瓜视频

西瓜视频是今日头条旗下的个性化推荐短视频平台。西瓜视频的用户数量比抖音和快手少，并且其女性用户略多于男性用户。西瓜视频的特色是在短视频中插入了与内容相关的商品卡片，用户观看短视频时点击商品卡片即可进入购物页面。

经验之谈

国内主流的短视频平台还包括抖音火山版、腾讯微视、好看视频、美拍等。此外，一些电商平台（如淘宝）、社交平台（如微博、小红书）及传统视频平台（如爱奇艺、哔哩哔哩）也开通了短视频板块，以丰富平台内容。

经过了解后，小艾首先在众多短视频平台中选择了用户数量较多的抖音和快手。考虑到多克运动的用户群体多分布于一、二线城市，与抖音的用户群体的重合度更高，因此，小艾决定将抖音作为多克运动的短视频营销平台。

活动二 确定短视频营销方法

选择了短视频营销平台后，小艾需要考虑采用什么方法开展短视频营销。她观看了大量短视频后，总结了5种短视频营销方法。

1. 短视频定制

当前，很多商家与短视频"达人"、短视频制作公司等展开合作，由商家提出营销需求（如15秒的定制竖屏短视频，以推销新品），相关合作方根据商家的商品特点、营销需求、目标人群喜好、品牌风格等定制短视频内容。以这种方式制作的短视频往往质量较高，而且可以将品牌与商品的价值、理念和文化等自然地融入其中。例如，某短视频自媒体为网易定制的一则短视频就通过丁磊自述其种茶等的经历，以及对于人生幸福的看法，如图5-51所示，传递出了网易的社会责任感及做好商品和服务的品牌理念，增强了用户对网易的好感。

2. 短视频冠名

冠名多见于影视剧、综艺节目、大型比赛等中，而在短视频中，冠名多体现在口播、短视频栏目名称、特别鸣谢等中，如某面膜品牌与某短视频"达人"合作，冠名了该"达人"的短视频栏目"××的周一放送"，如图5-52所示。短视频冠名可以借助短视频的巨大流量，让品牌或商品得到多频次的曝光，从而提高知名度。这种方式具有见效快、覆盖人群广等优势。

图5-51　定制短视频

图5-52　短视频冠名

3. 短视频植入广告

短视频植入广告是十分常见的短视频营销方法，通常包括剧情植入、场景植入、贴纸植入等形式。

- **剧情植入。**剧情植入较常见的方式是将所营销的商品或服务作为剧本素材，自然地植入短视频中。例如，携程旅行发布的一则表现春运期间火车上众生相的短视频，就通过人物间的对话自然地引出了携程超级会员的广告，如图5-53所示。由于携程超级会员与火车、出行这一短视频主题高度相关，所以其广告的植入显得很自然。

- **场景植入。**场景植入主要是指将商品作为短视频场景中的道具或背景进行植入。这种方式比较委婉，能间接地突出商品的功能或卖点，加深商品在用户心中的印象。例如，某短视频"达人"在记录自己家庭大扫除过程的短视频中就将某消毒喷雾作为道具进行了植入，如图5-54所示。

- **贴纸植入。**商家可以在短视频营销平台购买开通贴纸道具，然后邀请短视频"达人"等使用其贴纸制作短视频。例如，自然堂就在抖音平台上开通了一套含有自然堂产品元素的贴纸，并邀请用户在制作短视频时使用，如图5-55所示。

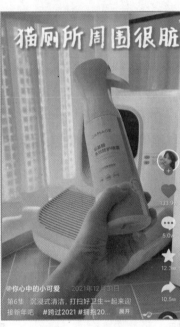

图5-53　剧情植入　　　　　图5-54　场景植入　　　　　图5-55　贴纸植入

4. 短视频互动营销

短视频互动营销通常指商家在短视频平台上发起某一挑战赛活动，借助平台和短视频"达人"的影响力，吸引更多用户自发创作相关短视频，进而引发大范围的传播。挑战赛活动具有较强的互动性、趣味性和参与性，并且商家会为挑战获胜者发放富有吸引力的奖品，因此能够激发用户的参与热情，容易使短视频获得较高的点赞量和播放量，提高品牌热度。例如，蒙牛发起的"全民挑战慢燃环"挑战赛，就凭借节奏感较强的背景音乐和易模仿的动作吸引了众多用户的参与，成功宣传了蒙牛的奶昔牛奶，如图5-56所示。

经验之谈

挑战赛活动的营销气息不宜过浓，避免用户产生抵触心理。如果商家要在标题中直接植入品牌信息，一定要间接、巧妙，如小米有品发起的"我怎么这么有品"挑战赛活动就采用了一语双关的手法，如图5-57所示，"有品"既是品牌名称的一部分，又代表着有品位，传递了小米有品创造高品质生活的品牌理念。

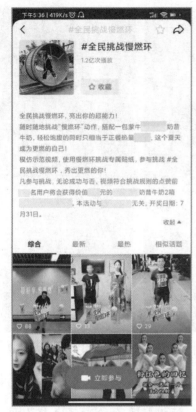

图5-56　蒙牛发起的挑战赛活动

图5-57　小米有品发起的挑战赛活动

5. 短视频"种草"营销

所谓"种草",是指宣传商品的某种优异品质以引人购买。不同于短视频植入广告等间接传达商品信息的方式,短视频"种草"营销通过直接展现商品的卖点、功能、外观、价格等,刺激用户产生购买欲望,吸引用户点击短视频中的商品链接进行购买。常见的短视频"种草"营销形式包括商品展示、商品使用体验分享、商品开箱、商品测评等。图 5-58 所示的短视频就属于商品展示,直接展现了某款智能衣架的卖点——支持语音控制升降、打开杀菌功能;图 5-59所示的短视频则属于商品开箱,通过商品精致的外包装、外观设计吸引用户。

小艾考虑后认为,短视频"种草"营销这种直接展现商品的方法操作起来简单、直接,成本较低,有助于直接增加商品销量,短时间内就能看到效果,因此选择采用这种方法为多克智能无绳跳绳做宣传。于是,小艾前往多克运动线下体验店拍摄了一则商品展示的短视频。在拍摄过程中,小艾自己担任摄影师,由体验店的小王出镜讲解多克智能无绳跳绳的配件、外观、功能和使用方法,如图 5-60 所示,并实际试用了跳绳。

图5-58 商品展示　　　图5-59 商品开箱　　　图5-60 讲解商品

素养提升小课堂

近年来，短视频降低了获取知识的门槛。短视频平台给予了年轻人更多的进行自我表达的机会与空间，使年轻人可以在短视频的分享互动中展示自身个性，获得社交满足感。此外，短视频在传递正能量、关注社会弱势群体方面也发挥了重要作用——近年来，各大官方媒体纷纷注册短视频账号，通过富有亲和力的短视频积极地与年轻人互动，增强了年轻人对国家和社会的认同感。

活动三　应用营销技巧发布短视频

拍摄并制作好短视频后，小艾准备将其发布在抖音上。但她了解到，要增强短视频的影响力，在发布时需要应用一系列的营销技巧。

第一步 选择高峰时段发布短视频

李经理建议，短视频的发布应固定在一个时间，以培养用户的观看习惯。于是，小艾研究了抖音用户的使用习惯，认为12点—13点、19点—22点是用户较活跃的时间段，因此，她决定在20点发布短视频。

第二步 设置有吸引力的标题

好的短视频标题能吸引用户的眼球，延长用户的停留时间，因此小艾借鉴营销软文标题写作的方法，为短视频拟定了一个标题"跑步机贵？健身房远？试试用它减肥！"。

同时，小艾认为，用户搜索短视频主要是通过搜索关键词进行的，在标题中添加关键词能够提高短视频的搜索结果排名，为短视频带来更多的播放量。于是，她进入抖音 App，点击右上角的 Q 按钮，在打开界面上方的文本框中输入"跳绳"，文本框下方则显示了相关的热门关键词，如图 5-61 所示，小艾选择了"无绳跳绳""跳绳评测"这两个热度高、与短视频内容相契合的关键词，并将其加入标题中。最终的标题为"跑步机贵？健身房远？不如买它！多克智能无绳跳绳评测"。

小艾打开抖音 App，点击下方的 + 按钮，在打开的界面中点击"相册"按钮 ，在打开的界面中点击"视频"选项卡，然后选择需要发布的短视频，并点击 下一步 按钮。在打开的界面中点击 下一步 按钮，打开"发布"界面，在标题文本框中输入短视频的标题，如图 5-62 所示。

图5-61　显示热门关键词

图5-62　输入标题

第三步　设置合适的封面

好的短视频封面能够有效吸引用户的注意力，增加短视频的播放量。小艾认为，封面应该体现明显的关键信息，让用户即使不点击播放短视频，依然能清晰地了解短视频的主要内容。因此，小艾选择了短视频中较有代表性的一个画面作为封面，具体操作如下。

微课视频

设置合适的封面

步骤 01 在"发布"界面右上角显示的封面缩略图中点击 选封面 按钮，在打开界面的时间轴上选择合适的画面，然后点击"标题"栏下的 自定义 按钮，如图5-63所示。

步骤 02 在打开的界面中输入"多克智能无绳跳绳测评"，点击下方的橙色圆圈，设置字体颜色为橙色，完成后点击右上角的 完成 按钮，如图5-64所示。

步骤 03 返回选择封面的界面，按住封面预览图中出现的文字，调整其大小，并将其拖动到封面中的空白位置（避免遮挡跳绳），然后点击右上角的 **保存** 按钮，如图5-65所示。

图5-63 选择合适的画面　　图5-64 输入并设置文字　　图5-65 设置封面

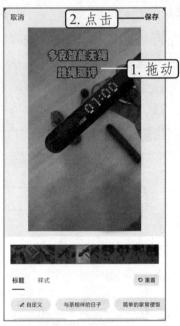

第四步　添加热门话题

添加热门话题有助于引发用户的共鸣，进而增强短视频的影响力，因此小艾为拍摄的短视频添加了合适的热门话题，具体操作如下：在"发布"界面中点击 #添加话题 按钮，在出现的"#"后输入"减肥"二字，在打开的话题列表中选择要添加的话题，此处选择"# 减肥打卡"话题，如图 5-66 所示。

第五步　添加地址定位

小艾了解到，在发布短视频时可以添加地址定位，将地点名称展现在短视频的左下角，可以让用户知晓多克运动线下体验店的地址，为线下体验店"引流"。因此，她在"发布"界面中点击了"你在哪里"旁的 > 按钮，如图 5-67 所示，在打开的界面中选择了对应的地址。

图5-66　选择话题

图5-67　添加地址定位

🎁动手做

了解百草味的营销短视频

请同学们完成以下任务。

1. 进入抖音 App，点击右上角的 🔍 按钮，在打开的界面中输入"百草味"，点击右侧的 搜索 按钮，在打开的界面中选择"用户"栏下的"百草味官方旗舰店"选项，进入百草味官方旗舰店的账号主页。

2. 查看该账号发布的短视频，看看其是否添加了热门话题和地址定位。

第六步　添加商品链接

在短视频中添加商品的购买链接，有助于对商品感兴趣的用户直接购买该商品，促进商品的销售。因此，小艾在短视频中添加了多克智能无绳跳绳的京东购买链接，用户点击链接便可前往相应界面购买，具体操作如下。

微课视频

添加商品链接

步骤 01 在"发布"界面中点击"添加小程序"旁的 > 按钮，在打开界面的搜索框中输入"京东"，点击出现的"京东好物街"选项。

步骤 02 打开"京东好物街"界面，在上方的搜索框中输入"多克智能无绳跳绳"，点击 搜索 按钮，如图5-68所示。

步骤 03 在打开的界面中选择对应的商品，然后在打开的界面中点击 +添加到视频 按钮，如图5-69所示。

步骤 04 返回"发布"界面，点击 发布 按钮发布短视频。

经验之谈

网络推广人员可以在评论区发布引导性的评论，如"下一个视频你们想看什么？""想要什么礼物"等，引导用户在评论区展开讨论，增加短视频的评论量，从而增加短视频被平台推荐的概率。

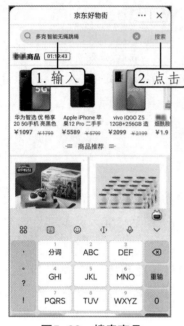

图5-68 搜索商品

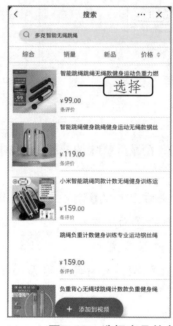

图5-69 选择商品并点击"添加到视频"按钮

💬 **任务评价**

完成该任务后，请同学们按表5-3所示的内容如实填写任务实施情况。

表5-3 任务评价

序号	评分内容	分值	自评得分
1	了解热门的短视频平台	20分	
2	掌握短视频营销的方法	40分	
3	能够应用营销技巧发布短视频	40分	

问题与总结：

合计：_____

✂ 拓展任务

　　请同学们打开抖音 App，将自己喜欢的短视频分享到朋友圈，具体操作如下：在播放界面点击 ➡ 按钮，在打开的界面中选择"朋友圈"选项，在打开的界面中点击 🔲复制口令发给好友 按钮，系统会自动打开微信 App，然后打开朋友圈界面，长按 📷 按钮，在打开的界面中粘贴视频口令，并输入朋友圈内容，最后点击 发表 按钮（好友复制视频口令后打开抖音 App 即可查看分享的短视频）。

任务四　开展直播营销

任务描述

　　除了短视频外，直播也能直观地展现产品，并让网络推广人员实现与用户的实时互动。多克运动要求小艾开展一场直播，为多克运动的 3 款新品"带货"，并表示愿意提供场地、物料方面的支持，还推荐了一个具备主播潜质、熟悉产品的销售人员小乐前来协助，同时叮嘱小艾必须控制推广成本。小艾首先选择了适合多克运动的直播营销平台，然后根据预算确定了合适的营销方法，并在直播前、直播中应用了多种营销技巧，增强了直播效果。

任务实施

👤 活动一　选择直播营销平台

　　目前，热门的直播平台主要有抖音、快手、点淘等。小艾准备详细了解并对比这些直播平台，具体步骤如下。

第一步 对比直播平台的用户特点

　　小艾首先进入这三大直播平台查看了直播内容、用户的账号信息等，然后查看了艾媒网等机构发布的相关数据，经过分析后，得出了三大直播平台用户各自的特点，如表 5-4 所示。

表 5-4　三大直播平台用户各自的特点

项目	抖音	快手	点淘
用户特点	一、二、三线城市用户较多，性别占比均衡，用户多为 24～40 岁，偏好穿搭、美食等直播	二、三线及以下城市用户多，男性占比大，大多数用户不超过 30 岁，偏好与日常生活相关的直播	女性占比较大，一、二、三线城市用户较多，用户年龄多为 25～35 岁，偏好服饰、美妆等直播

第二步 对比直播平台的"带货"模式

小艾又查看了三大直播平台近年发布的直播数据以及网经社发布的关于主流平台直播"带货"模式的分析文章，得出了三大直播平台的"带货"模式，如表5-5所示。

表5-5　三大直播平台的"带货"模式

项目	抖音	快手	点淘
"带货"模式	美妆和服饰类产品的占比高，产品价格与转化率保持中等水平，"带货"模式以"短视频＋直播"为主	高性价比产品多，均价较低，产品转化率较高，"带货"模式以"达人"直播"带货"、打榜和连麦为主	产品品类广，以网店自播和"达人"导购模式为主，并且产品转化率很高

第三步 对比直播平台的优势

结合上面的信息，小艾总结了抖音、快手、点淘三大直播平台的优势，如表5-6所示。

表5-6　三大直播平台的优势

项目	抖音	快手	点淘
优势	抖音的日活跃用户超过了6亿人，因此抖音的直播潜在用户较多；推送精准；投入成本低，非常适合新手入驻	平台用户忠诚度高，"带货"简单且"带货"能力强；零食、农副产品、健身用品等的转化率较高	用户规模和市场规模大，直播转化率很高；品类多、保障强；直播形式多样

第四步 选择合适的直播平台

对比了三大直播平台的用户特点、"带货"模式和优势后，小艾发现在这三大直播平台中，快手用户更喜欢看与日常生活相关的直播，并且零食、农副产品、健身用品等的转化率较高。多克运动属于运动用品品牌，因此，小艾决定把快手作为多克运动的主要直播营销平台。

活动二　确定直播营销方法

小艾了解到，目前的直播营销方法主要分为自播和他播两种，她需要结合多克运动的实际情况进行选择。

1. 自播

自播即由商家内部人员（如导购）担任主播，一般适用于高频次常态直播的商家，可实现多人轮流直播。自播的优势是内部人员更加了解直播产品的特性，直播间的辨识度也更高；缺点是内部人员较欠缺主播所有的专业能力和直播"带货"的经验。

2. 他播

他播即商家与外部专业主播合作。他播的成本投入相对较大，而且商家需要根据预期的直播目标找到符合要求的主播。他播主要有两种，即专场直播和拼场混播。

- **专场直播**。专场直播主播只针对商家的品牌开展直播销售，入驻主播直播间的产品数量一般没有限制。专场直播时间越久，费用就越高，营销效果往往也更加显著。

- **拼场混播**。拼场混播指在同一场直播中，主播按一定的顺序对多个商家的产品进行推广销售。通常情况下，每个产品的讲解时长为五六分钟，商家需要根据主播对产品的讲解时长付费。相较于专场直播，拼场混播的成本更低，如果选择的主播比较合适，也可以产生很好的营销效果。

> 🎁 **动手做**
>
> **了解直播营销**
>
> 请同学们完成以下任务。
>
> 1. 进入快手 App，点击右上角的 ⬛ 按钮，在打开的界面中点击"直播榜"选项卡，选择一个自己感兴趣的热门直播间，进入后观看一段时间。
>
> 2. 分析直播中主播采用的是自播还是他播。
>
> 3. 点击下方的 ⬛ 按钮，查看直播间的产品，探索购买方式。

小艾了解了外部专业主播的收费标准，并与多克运动协商后认为，自播是比较合适的方式。原因有以下 3 点。

（1）多克运动希望以较低的成本开展直播营销，但目前热门的专业主播收费较高。

（2）多克运动的销售人员小乐具备担任主播的条件，包括优秀的外形条件，较强的语言表达能力、应变能力等。

（3）多克运动本次直播要推出 3 款新品，需要主播十分了解这些专业运动用品的价格、属性、功能等，而且需要主播具备运动健身方面的专业知识，小乐已经经过长期培训，更能满足这一要求。

确定采用自播方式后，小艾认为自己可以担任直播助理（负责直播后台操作、直播准备、直播中补充介绍互动规则等）这一角色。于是她主动联系了小乐，与小乐确定了直播时间（3月26日周六20点）、直播产品（多克羽毛球拍、多克运动护膝、多克智能无绳跳绳）、直播主题（新品促销）等相关事宜，准备在多克运动总部的会议室（装修简约、空间大、印有多克运动的Logo，可直接用作直播间）开展直播。

活动三　应用直播营销技巧

场地、物料、人员等准备就绪后，小艾准备开始直播了。但她明白，要想增强直播营销效果，需要在直播前和直播中应用一系列的直播营销技巧。

第一步　进行直播预热

在直播前两天，小艾开始着手直播预热工作。她总结了直播预热的3种方式，具体如下。

- **发布直播预告。** 目前，快手等直播平台提供了发布直播预告的功能，主播通过发布直播预告提前告知用户后续的直播计划，用户通过预约的方式订阅相应场次的直播。

📖 经验之谈

主播可以将直播预告更新到个人简介中，包括直播时间、直播主题等，以便用户通过其个人简介得知直播信息。个人简介中的直播预告通常以简洁的文字形式出现，如"5月8日13点直播，好物狂欢购"。

- **发布直播预告短视频。** 直播预告短视频与直播预告不同，是指借短视频的形式告知用户直播时间、直播主题和直播内容。针对粉丝，主播可以直接发布纯直播预告，简明扼要地介绍直播的相关信息；若要吸引新用户，主播则可以在直播预告短视频中告知直播福利或设置悬念等。

微课视频

发布直播预告

- **站外直播预热。** 站外直播预热可在企业网站和微博、微信等第三方平台上进行。通过第三方平台进行直播预热能够进一步扩大直播营销的范围。

小艾考虑后认为，自己可以选择相对简便的方式，首先发布直播预告，然后进行站外直播预热。

1. 发布直播预告

小艾首先在快手App上发布了直播预告，具体操作如下。

步骤 01 进入快手App，点击主界面底部的 ◉ 按钮。打开拍摄界面，在其中点击"直播"选项。

步骤 02 在打开的界面中点击"预告"按钮，如图5-70所示。

步骤 03 打开"创建直播预告"界面，选择直播时间，此处选择"周六20时00分"，然后输入直播内容为"多款产品促销优惠"，点击 创建预告 按钮创建直播预告，如图5-71所示，随后，该直播预告就会展示在账号的个人主页、直播间等位置。

图5-70 点击"预告"按钮

图5-71 创建直播预告

2. 站外直播预热

小艾分别在微博、微信朋友圈中发布了简洁、直观的直播预告文案，分别如图 5-72 和图 5-73 所示。

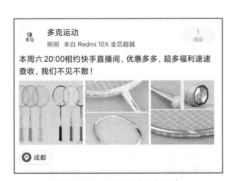

图5-72 微博直播预告

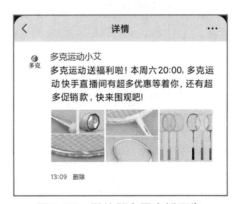

图5-73 微信朋友圈直播预告

经验之谈

　　一般，主播应在正式直播前 1～3 天进行直播预热。如果直播预热与正式直播的间隔时间太短，不利于预热信息的持续发酵；如果直播预热与正式直播的间隔时间太长，预热信息则容易被用户遗忘。

第二步　提前准备直播话术

　　直播话术即在直播场景中说话的技巧。在直播中，主播不仅要介绍产品的质量、价格等，还要运用好的直播话术，突出产品的特点和优势，激发用户的购物热情，营造良好的直播氛围。小艾收集了一些常用的直播话术，并结合当场直播的具体情况进行了适当修改。修改后的直播话术如表 5-7 所示。她将这些话术分享给了小乐，让小乐提前熟悉并反复演练。

表 5-7　直播话术

话术类型	话术内容
开场话术	大家好，欢迎大家来到多克运动的直播间，我是今天的主播小乐。今天是我们多克运动的"宠粉日"，直播间的福利很多哦，大家千万不要错过
引导关注话术	今天我们会在关注直播间的小伙伴中，抽出一位送出大奖，也就是多克运动的新款羽毛球拍，还没关注主播的小伙伴赶紧关注哦
	刚刚进入直播间的小伙伴，记得点击屏幕上方的"关注"按钮，每次有福利，我们会第一时间通知您
抽奖话术	正式开播前我们先来抽一波奖，请大家在评论区输入"多克运动大卖"，我会随机截屏，前 3 名小伙伴将获得专属福利
	恭喜×× 中奖了！你太幸运了吧！赶紧点击左下角的购物袋，联系客服领取奖品！没有抽中奖品的小伙伴也不要走开，待会儿，我还会抽第二轮
活跃气氛话术	来，想要这款产品的小伙伴 / 没抢到的小伙伴请把"想要"打在公屏上
促进销售话术	还有最后 1 分钟，没有下单的小伙伴赶紧下单，直播结束后就没有这样的优惠价格啦
	这款 ×× 平时的价格是 ×× 元，今天在我们直播间，一个 ×× 元，买两个直接减 ×× 元，相当于每个 ×× 元，我们还要再送 ××、×× 和 ××，光是赠品都值 ×× 元了
邀请用户加入粉丝群话术	今晚我们为观看直播的小伙伴专门建立了一个免费的交流群，欢迎小伙伴加入，我们会不定期地在群中发放福利并分享干货哦

第三步 开展直播互动

直播时,引导用户互动十分重要,而且直播人员应当努力营造热闹的氛围,以感染用户、调动用户的热情。因此,在直播正式开始后,小艾采用了发放红包、现场抽奖、引导点赞3种互动方式。

1. 发放红包

发放红包是主播与用户互动、提高直播间人气、延长用户在直播间里的停留时长的有效方式之一。小艾在直播一开始就发放了一轮红包,具体操作如下:点击快手App主界面底部的◎按钮,在打开的"聊天室"界面中点击 开始聊天派遣 按钮,进入直播界面,点击 ••• 按钮,在打开的界面中点击"发红包"按钮🔴,在打开的界面中设置单个金额、红包个数和开奖倒计时,点击 塞钱进红包 按钮,如图5-74所示。

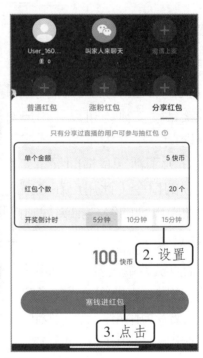

图5-74 发放红包

📋 经验之谈

如果之前未在快手App充值,此时需要打开充值界面,选择需要充值的金额对应的选项,然后点击 立即充值98元 按钮,如图5-75所示,在打开的"收银台"界面中选择支付方式,然后点击 确认支付 按钮,完成充值。

图5-75　充值

2. 现场抽奖

现场抽奖这种互动方式充满了乐趣，主播在直播过程中反复提醒用户本场直播的抽奖活动安排，可以让用户对直播后续内容保持期待，增加用户在直播间的停留时间。小艾为本场直播安排了 3 轮抽奖，时间分别是 21 点、22 点、23 点。同时，为了活跃直播间气氛，小艾在开始抽奖前要求用户统一发送"多克运动大卖"的口令（让用户在直播间"刷屏"），然后使用截图的方式抽出中奖用户（截图中出现的符合抽奖规则的用户即为中奖用户）。

3. 引导点赞

直播间的点赞数量代表着主播的人气值和直播间的活跃度，点赞数量越多，越能吸引更多用户进入直播间。小艾了解到，主播可以通过一定的利益（如红包、优惠券、抽奖、上架专属限量产品）来增强用户点赞的积极性。于是，她多次在主播介绍产品的间隙出场提醒用户：全场点赞量达到 5 万次就上架多克运动的限量版 T 恤，用户不仅可以自己点赞，还可以将直播间分享给朋友，邀请朋友一起点赞。

素养提升小课堂

近年来，直播营销在丰富人们购物体验的同时，也为我国农村地区的经济发展做出了贡献。不仅很多农户通过直播销售农产品，很多县长也走进直播间，推销自己所在县域出产的农产品。如火如荼开展的电商助农直播体现了农户、各地政府对于直播营销的接受程度越来越高，也反映了抖音、快手等直播平台的社会责任感。

任务评价

完成该任务后，请同学们按表 5-8 所示的内容如实填写任务实施情况。

表 5-8　任务评价

序号	评分内容	分值	自评得分
1	了解热门的直播平台	20 分	
2	掌握直播营销的方法	40 分	
3	掌握直播营销的技巧	40 分	

问题与总结：

合计：_____

拓展任务

请同学们进入快手 App，找到正在开展营销活动的直播间，完成以下任务。

（1）在直播间留言，参与互动，分析直播采用了哪些互动形式。

（2）观察主播采用的直播营销技巧对直播间用户的影响。

（3）思考假如你是主播，你会怎样调动用户的积极性与购物热情。

项目总结

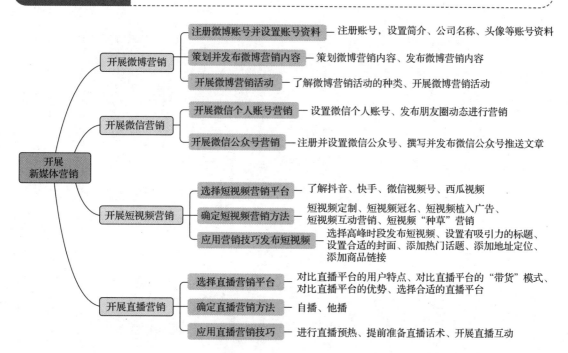

项目六

实施社群营销

职场情境

　　成都天心食品有限公司（以下简称天心食品）主要生产并销售糕点、牛轧糖、坚果藕粉等零食，以及面粉、黄油、奶油等烘焙辅料。自成立以来，天心食品秉持着积极进取、务实求精、诚信经营的企业文化，致力于生产高品质的产品，并积极承担起社会责任，采购农村地区的食品原材料，帮助农民增收。经过多年经营，天心食品积累了一定数量的客户，为了进一步树立品牌形象并提高美誉度，提高客户的忠诚度，委托特讯运营开展社群营销。

　　特讯运营营销部接到天心食品的委托后，安排小艾组建、维护并管理社群，然后开展社群营销活动。

学习目标

✈ **知识目标**
1. 理解组建、维护并管理社群的相关知识。
2. 掌握社群营销活动的相关知识。

✈ **技能目标**
1. 能够确定社群名称、口号和Logo。
2. 能够选择合适的平台组建社群并完成社群的基本设置。
3. 能够制定并发布社群规则，以及组建社群管理团队。
4. 能够开展社群营销活动，并做好活动总结。

✈ **素养目标**
1. 培养为社群、为他人服务的精神。
2. 培养严守准则、做事公正的职业素养。
3. 培养团队协作精神。

任务一 组建社群

任务描述

要通过社群营销塑造天心食品的品牌形象，提高品牌的知名度和美誉度，首先需要组建一个社群，为后续开展社群营销提供一个平台。小艾与天心食品沟通后，明确了组建社群的基本要求：3天内组建一个社群，且社群的名称、口号和Logo应突出天心食品的品牌特色。

任务实施

👤 活动一 确定社群名称、口号和Logo

在组建社群前，小艾首先确定了天心食品的社群名称、口号和Logo，便于用户识别社群。

第一步 确定社群名称

社群的命名方法主要有以下两种。

• **围绕社群的核心构建点来命名。**社群的核心构建点是指形成社群、使本社群区别于其他社群的主要因素，如社群灵魂人物、核心产品等。这种方法适用于已经有大量粉丝群体的社群，例如小米手机用户社群——"米粉"群。

- **围绕目标用户的需求来命名。**这是指根据目标用户的需求，在社群名称中加入能够吸引目标用户的关键点，方便目标用户辨认和识别，例如爱跑团、美食团、周末聚会群等。

名称是社群的标识符号，会影响用户对社群的第一印象。鉴于天心食品的需求，小艾决定结合以上两种方法来命名，既要突出社群的核心构建点，又要反映目标用户的需求。最终，她确定社群名称为"天心食品美食客"。

第二步 确定社群口号

社群口号就是社群的广告口号或广告标语，可以是令人记忆深刻、具有特殊意义、特别重要的一句话或短语。好的社群口号不仅可以向他人传达社群核心竞争力方面的信息，展现社群的个性魅力；还能引起社群成员的共鸣和认同，吸引更多认同该口号的人加入社群。社群口号可以从 3 个方面来确定，如图 6-1 所示。

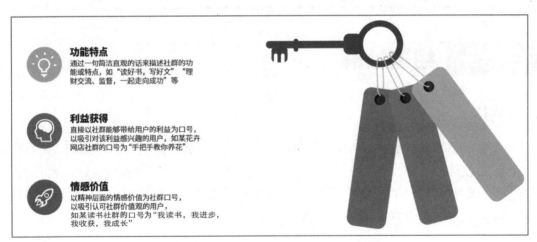

功能特点
通过一句简洁直观的话来描述社群的功能或特点，如"读好书，写好文""理财交流、监督，一起走向成功"等

利益获得
直接以社群能够带给用户的利益为口号，以吸引对该利益感兴趣的用户，如某花卉网店社群的口号为"手把手教你养花"

情感价值
以精神层面的情感价值为社群口号，以吸引认可社群价值观的用户，如某读书社群的口号为"我读书，我进步，我收获，我成长"

图6-1 确定社群口号

小艾认为，天心食品的营销目的是树立品牌形象，其社群口号可以结合企业信息和公益话语，用于吸引对美食感兴趣并具有爱心和奉献精神的用户。因此，小艾最终将社群口号确定为"享受'天心'美食，传递人间真情"。口号中自然地融入了品牌名称"天心"，并通过"传递人间真情"体现积极向上的企业文化。

第三步 设计社群 Logo

有了社群名称和社群口号后，小艾还需要为社群设计一个 Logo。社群

Logo 是社群的标识元素，有助于社群成员产生归属感。

一般来说，新建的、没有自己品牌的社群，可以将社群核心人物、社群理念的卡通图形、文字等作为 Logo 设计的素材；而成熟的企业或品牌组建的社群则可以直接使用企业或品牌 Logo 作为社群 Logo。天心食品是有一定知名度的品牌，因此，小艾决定直接使用天心食品的 Logo 作为社群 Logo（见图 6-2）。

图6-2 社群Logo

> **经验之谈**
>
> 在社群 Logo 的基础上，网络推广人员可以为社群设计并制作出其他的视觉元素，如邀请卡、胸牌、旗帜、纪念品等，将其作为社群成员的辨别依据及社群品牌的象征，从而起到强化社群形象的作用。

👤 活动二　组建社群并完成基本设置

有了社群名称、口号和 Logo 等基本元素后，小艾需要选择一个社群组建平台，建立社群并完成社群的基本设置，为后续吸纳社群成员提供基本条件。

第一步 选择社群组建平台

小艾了解到，微信、QQ、百度贴吧等平台都可以组建社群，但不同的平台有不同的特点，适用于不同的社群营销需求。因此，小艾需要先了解在各平台上组建的社群的特点，再根据营销需求选择合适的平台。

1. 微信

微信是目前活跃用户数量最多的平台之一，在微信上建立的社群叫作微信群聊。

微信群聊的封闭性较强，其社群成员只能通过邀请或扫码加入，无法搜索添加，并且单个微信群聊的成员数量不超过 500 人（企业微信建立的客户群除外）。

微信群聊可以实现多人实时聊天，其成员还可以分享图片、视频、网址等。微信群聊操作简单，群聊管理员权限较少，且群聊成员之间的关系相对平等，每个群聊成员都可以邀请自己的微信好友加入微信群聊。群聊成员可以设置自己在微信群聊中的昵称，还可以将某一群聊置顶或设置消息免打扰、折叠某一群聊等。早期的微信群聊以日常交流为主，功能较单一，后期逐渐加入群接龙、群直播等功能，群聊管理员还可以借用相关微信小程序来辅助管理。

2. QQ

QQ是传统主流通信类软件，在QQ上建立的社群叫作QQ群。相对于微信群聊，用户可以通过搜索相关关键词查找QQ群的方式加入QQ群，如图6-3所示。

QQ群提供了公告、文件、相册、收集表、精华消息、签到、作业等群应用（见图6-4），并支持设置禁言、限制发言频率、设置成员权限、查看群数据等群管理功能。

图6-3 通过搜索相关关键词查找QQ群

图6-4 群应用

🎁 **动手做**

查找并申请加入 QQ 群

请同学们执行以下操作。

1. 登录QQ，在头像下方的搜索框中输入"美食"，选择"到查找面板找'美食'"选项。

2. 在打开的查找面板中选择"找群"选项，在打开的选项卡界面中单击🔍按钮，在打开的界面中选择感兴趣的QQ群，单击＋加群按钮，在打开的对话框中输入验证信息，提交加群申请。

---

3. 百度贴吧

百度贴吧是规模较大的中文在线社区平台，该平台有各种不同兴趣主题的贴吧，涉及生活、教育、娱乐、体育、科技、企业等方面。百度贴吧中各个兴趣主题的贴吧就是不同的兴趣社群，社群成员之间主要通过发帖、回帖进行交流，其优势在于具有较高的搜索排名。用户在百度中搜索关键词时，相关的贴吧会在搜索结果页面中靠前的位置出现，如图6-5所示，这有助于提高社群的曝光度。

图6-5 百度贴吧在搜索结果页面中靠前的位置出现

🖍️ 动手做

关注贴吧并回复帖子

请同学们执行以下操作。

1. 进入百度贴吧首页，登录后选择左侧列表中的"生活家"选项下的"美食"选项，在打开的页面中单击"烘焙吧"超链接，打开烘焙吧主页。

2. 单击 +关注 按钮关注该贴吧，单击右侧的 签到 按钮签到。

3. 查看自己感兴趣的帖子，在页面底端的文本输入框中输入回复内容，单击 发表 按钮回复。

📋 经验之谈

网络推广人员也可以在微博、知乎、豆瓣等平台上组建社群。其中，微博群与微信群聊、QQ群类似，以即时交流为主；知乎群、豆瓣小组则与百度贴吧类似，用户主要围绕兴趣建立社群，并且其成员通过发布篇幅相对较长的帖子内容进行交流。

小艾认为，自己建立的社群有必要具有即时交流的功能，以提高交流效率，因此首先排除了百度贴吧等以发帖为主要交流形式的平台；其次，为了保证社群成员的活跃度，应该选择用户使用率较高的平台；最后，考虑到微信群的封闭性有利于社群管理，小艾决定在微信这一平台上建立社群。

第二步 建立微信群

小艾建立了一个名为"天心食品美食客"的微信群，具体操作如下。

微课视频

建立微信群

步骤 01 在微信主界面中点击⊕按钮，在打开的下拉列表中点击"发起群聊"选项，如图6-6所示。

步骤 02 打开"发起群聊"界面，在该界面中选择要添加的群聊成员，点击 完成(3) 按钮，如图6-7所示。

图6-6 点击"发起群聊"选项

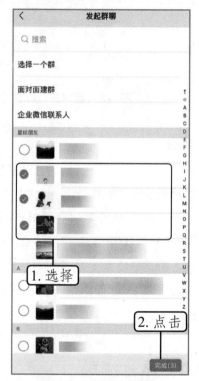

图6-7 选择群聊成员

步骤 03 进入微信群的聊天界面，点击右上角的···按钮，在打开的"聊天信息"界面中点击"群聊名称"选项，如图6-8所示。

步骤 04 打开"修改群聊名称"界面，输入群聊名称，然后点击 完成 按钮，如图6-9所示。

图6-8　点击"群聊名称"选项

图6-9　修改群聊名称

🖐 动手做

邀请微信好友加入微信群聊

请同学们打开某一微信群的聊天界面，进入"聊天信息"界面，点击群成员列表区域的 ➕ 按钮，在打开的界面中选择要邀请的微信好友，点击右下角的 完成 按钮，将邀请链接发送给微信好友。

💬 任务评价

完成该任务后，请同学们按表6-1所示的内容如实填写任务实施情况。

表6-1　任务评价

序号	评分内容	分值	自评得分
1	掌握社群名称、口号和Logo的设置方法	30分	
2	了解社群组建平台，并能根据营销需求选择合适的平台	30分	
3	熟练掌握社群的建立和设置方法	40分	

问题与总结：

合计：＿＿＿＿＿＿＿

✂ 拓展任务

请同学们打开某一微信群的聊天界面，完成以下操作。

（1）点击右下角的⊕按钮，在下方的列表框区域向左滑动，点击"接龙"按钮丶，在打开的界面中设置接龙标题、接龙格式，点击 发送 按钮，发起群接龙。

（2）点击右下角的⊕按钮，在下方的列表框区域向左滑动，点击"直播"按钮◉，在打开的界面中点击选中下方的单选项，然后点击 我知道了 按钮，在打开的界面中点击 开始直播 按钮，尝试进行群直播。

（3）分组讨论：群接龙和群直播功能对于社群营销有何作用？

任务二 维护并管理社群

任务描述

社群建立后，李经理特别叮嘱小艾，要保证社群良性发展，必须维护和管理好社群，因而要求小艾在一周内制定并发布详细、全面的社群规则，并组建层级、分工明确的社群管理团队。

任务实施

👤 活动一 制定并发布社群规则

只有制定了合理的社群规则，才能规范社群成员的行为，集中社群成员的力量，为社群的发展做贡献。因此，小艾从各个运营成熟的社群中学习了一些经验，制定并发布了社群规则。

第一步 制定社群规则

小艾从加群规则、名称规则、交流规则、激励规则、淘汰规则 5 个方面制定了社群规则。

1. 加群规则

加群规则是对新用户加入社群的相关规定。为了保证社群成员的质量，保证社群的健康发展，社群管理者应该设置一定的准入门槛。

小艾制定的加群规则如下：只有在天心食品淘宝店中下单两次或两次以上、购买金额超过 100 元的用户才可以加入社群。加群规则所限定的这部分人群对天心食品较为了解，且有一定的忠诚度，通过进一步维护，他们可以被培养成老客户。

2. 名称规则

名称规则用于规范社群成员的名称，能够使新成员在第一时间了解社群成员的基本信息。

小艾制定的名称规则如下：刚加入社群的新成员应根据入群规则，修改自己在群中的昵称；群成员名称统一采用"年龄＋归属地＋昵称"的形式，如"25+北京＋秋秋"。

3. 交流规则

交流规则即社群成员在社群交流中必须遵守的规则，包含交流礼仪、交流禁忌、交流处罚、投诉渠道4方面的内容。小艾制定的交流规则如图6-10所示。

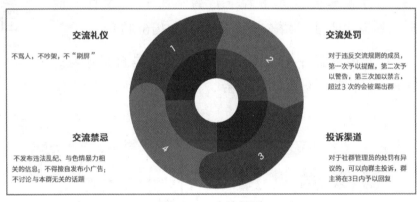

图6-10 交流规则

经验之谈

如果社群中经常出现广告信息，很容易使社群成员对社群产生反感情绪。如果闲聊的消息比较多，则很容易打扰其他成员的正常工作和生活。所以，社群管理者有必要控制广告信息和闲聊过多的情况，但对待闲聊的成员也不能过于严格，毕竟偶尔的闲聊影响不大，否则会打击成员交流的积极性。

4. 激励规则

合理的激励规则可提高社群成员的活跃度、参与度，增强社群的凝聚力。小艾制定的激励规则如下：本群采用积分制，成员下单后在群中晒单一次得50积分，参与线上／线下活动一次得20积分，积极参与公益活动一次得20积分，向社群管理员提出合理建议一次得20积分，连续签到5天得10积分；100积分可兑换一张30元的优惠券，200积分可兑换一张60元的优惠券。

网络推广实务（微课版）

5. 淘汰规则

随着社群的发展，社群成员会越来越多，其质量也会变得参差不齐，因此社群管理者要制定相应的淘汰规则，淘汰质量不佳的社群成员。

根据国家互联网信息办公室印发的《互联网群组信息服务管理规定》，互联网群组建立者、管理者、群成员都应当遵守相关法律法规，文明互动、理性表达。因此，小艾制定了如下的淘汰规则：违反本群规则，做出擅自发布广告、色情暴力内容、吵架等行为超过 3 次的成员，将被踢出群聊。

第二步 发布社群规则

为了让所有成员都可以随时查看社群规则，小艾把社群规则发布在了微信群的群公告中，具体操作如下。

微课视频

发布社群规则

步骤 01 进入群聊界面，点击右上角的…按钮，在打开的"聊天信息"界面中点击"群公告"选项，如图6-11所示。

步骤 02 在打开的界面中输入群公告，输入完毕后点击 完成 按钮，如图6-12所示。设置群公告后，微信会自动以群消息的形式通知全部成员。

图6-11 点击"群公告"选项

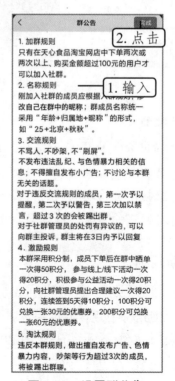

图6-12 设置群公告

180

素养提升小课堂

社群中难免会出现纠纷、不和谐的情况，社群管理者在处理这类问题时不能仅凭个人主观喜好，而要严格遵循社群规则，做到公平、公正。

 知识窗

1. 加群规则的种类

若一个社群长时间缺乏新成员的加入，就很容易活跃度降低，甚至逐渐陷入沉寂。因此，社群需要新成员带来新活力，持续调动旧成员的积极性。但为了保证社群成员的质量，社群管理者需要制定加群规则（即加入社群的规则）。一般来说，加群规则主要包括邀请制、任务制、付费制、申请制和举荐制5种。

（1）邀请制。邀请制是指社群的群主或管理员邀请用户加入社群成为社群成员，适用于规模较小或专业领域较强的社群，对社群成员的能力要求较高。

（2）任务制。任务制是指用户必须完成社群规定的某项任务才能成为社群成员，如填写报名表、注册会员、转发集赞、提供作品和证书等。

（3）付费制。付费制是指用户要支付社群规定的费用后才可成为社群成员。不同社群的入群费用不同，社群管理者可根据社群的定位与资源来确定入群费用。

（4）申请制。申请制是指用户根据社群公开发布的招募信息，提交申请，审核通过后，成为社群成员。这种加群规则要求申请者具备一定的条件，如拥有某项技能、某类资源等。

（5）举荐制。举荐制是指用户凭借群内成员的推荐成为社群成员，适用于知识型或技能型的社群。这种加群规则要求推荐人事先向被推荐人介绍社群，方便新成员更好地融入社群，而当被推荐人行为不当时，推荐人也会承担相应责任，率先帮助被推荐人解决问题。

2. 淘汰规则的种类

社群成员的无限制加入会造成社群人数过多，并且社群中可能存在不活跃或没有贡献的成员，社群管理者需要定期清除这样的成员才能保证社群的活力。为了保证对社群成员的淘汰是公平、公正的，社群管理者需要制定社群的淘汰规则。淘汰规则一般包括人员定额制、违规别除制、积分淘汰制3种。

（1）人员定额制。人员定额制即限制社群成员的人数，规定社群的最多人数，如100人，如果社群人数达到101人，则必须别除一个互动量较少的社群成员。

（2）违规别除制。社群管理者应对影响社群正常发展的各种行为进行规则上的限制，如禁止发布垃圾广告、辱骂他人等，并设置犯规的次数与处罚力度，将严重违规者踢出社群，以维持社群的正常秩序。

（3）积分淘汰制。积分淘汰制是指社群管理者规定社群成员做出某些行为可获得积分，并在某个时间段内统计与分析积分，若社群成员的积分未达到标准，则可以将其淘汰。

3. 社群激励的种类

社群激励可以有效地激发社群成员的积极性，增加社群活动的参与人数。社群激励一般包括以下 5 种。

（1）物质福利。社群管理者可为表现优异的社群成员提供物质奖励，一般为实用物品，或者具有社群个性化特色的代表性物品，如社群徽章、社群定制纪念品等。

（2）现金福利。社群管理者可为表现优异的社群成员提供现金奖励。

（3）优惠福利。在表现优异的社群成员再次消费时，社群管理者予以优惠，如减少课程费用、赠送额外的讲师辅导服务等。

（4）荣誉福利。社群管理者可为表现优异的社群成员提供相应的荣誉奖励，如奖杯、勋章、特定头衔等，合理的荣誉福利能大幅度地增强社群成员的积极性。

（5）虚拟福利。社群管理者可为表现优异的社群成员提供虚拟奖励，如积分，当积分积累到一定额度的时候，该社群成员就可以领取相应的实物奖励。

知识窗

👤 活动二　组建社群管理团队

社群成立后不久，成员变得越来越多，小艾开始觉得管理起来力不从心。李经理建议小艾组建社群管理团队，对社群管理工作进行分配。

第一步 **确定社群管理团队的构成**

社群管理团队是社群发展的基石，对社群的发展与维护起着至关重要的作用。小艾根据社群的实际情况，将社群管理团队的构成确定为 3 个层级，即群主、管理员和干事。

拓展阅读

社群管理团队的发展

（1）群主。群主是社群的总负责人，应具有较强的管理能力和人格魅力，能够为社群提供资源，并且能针对社群的定位、发展、成长等制订长远且正确的计划。

（2）管理员。管理员负责整个社群的管理，包括培养社群管理员、规划社群活动、修订社群规则、管理干事等相关事宜，是社群发展方向与发展规模的决定性成员。

（3）干事。干事是管理员所属的下层管理人员，负责管理社群的具体事务。干事的4种角色如图6-13所示。

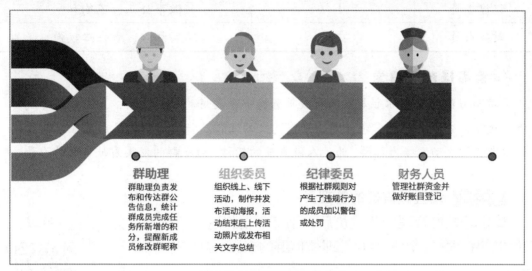

图6-13　干事的4种角色

📖 **经验之谈**

　　社群的账目和资金不能由一人同时管理，否则可能会出现贪污公款的情况。如果社群的财务人员只有一人，最好是由管理员来管理资金，财务人员仅管理账目。

第二步 招募社群管理团队成员

　　社群管理团队成员有两种来源：一是从社群外部邀请有经验、有能力的管理者加入，二是从社群成员中选拔。当前社群刚刚建立，为了确保核心的管理角色——群主和管理员保持稳定，小艾决定由自己担任群主，并邀请运营部的两位同事担任管理员，再从社群成员中招募4位干事，分别担任群助理、组织委员、纪律委员和财务人员。

　　小艾从积极性、组织沟通能力、责任心和创新能力4个方面考察了社群成员的日常表现，初步罗列出了4位综合表现出色的社群成员，然后根据每个角色所偏重的素质，为每个社群成员安排了相应职位，具体的职位安排如表6-2所示。

表6-2　职位安排

职位	担任人员	选择理由
群助理	小罗	积极性强，在社群中十分活跃
组织委员	小陈	文字和图片编辑能力强

续表

职位	担任人员	选择理由
纪律委员	小赵	做事公正、不徇私
财务人员	小张	踏实细心，责任心较强

📝 **素养提升小课堂**

　　参与社群管理实际上是在为群成员营造一个良好的社交空间，旨在帮助群成员满足交流、分享情感的需求，是一项有意义的工作。社群管理团队成员在社群管理过程中应该主动发扬为社群、为他人做贡献的精神，为社群的发展贡献自己的力量。

第三步 设置微信群的管理员

　　确定好社群管理团队成员后，小艾需要将这些成员设置为微信群的管理员，让其拥有管理微信群的权限，具体操作如下。

步骤 01 在"聊天信息"界面中点击"群管理"选项，打开"群管理"界面，在其中点击"群管理员"选项，如图6-14所示。

步骤 02 在打开的"群管理员"界面中点击 ⊞ 按钮，如图6-15所示。

步骤 03 在打开的界面中点击需要添加的群管理员，选择完毕后点击右上角的 完成 按钮，如图6-16所示。

微课视频

设置微信群的管理员

图6-14　点击"群管理员"选项　　图6-15　点击"+"按钮

图6-16　添加群管理员

知识窗

随着社群的发展壮大，社群管理团队需要吸纳新的成员，这就需要从社群中挖掘优质人才。

（1）人才的特质。在社群中，一个优质的人才通常具有比较出众的特质，如才华出众、行动力强、能稳定产出等，如图 6-17 所示。

图6-17 人才的特质

经验之谈

一些拥有资源优势的成员也可以被培养为管理员，如他们在某地区、某行业中拥有一些资源，可以为社群活动的开展提供便利。当然，不管是什么样的人才，都必须认同社群文化，才可能与社群共同成长和发展。

（2）发现人才。人才的发现并没有固定的渠道，考察任务的完成情况、活动的组织情况，或者招募新成员和接受老成员的推荐等都可以帮助社群管理者发现人才。在发现人才后，社群管理者可以适当为其安排一些项目或任务，对其能力进行试验和考察，看其是否真的有成为社群管理员的潜质。

（3）培养人才。在培养人才的过程中，社群管理者需要根据人才的特质采取不同的培养方案，如针对内容创作能力的培养方案、针对活动组织能力的培养方案等，还可以指定一位有经验的社群管理员对其进行协助指导。同时，社群管理者还要制定相应的升级考核制度，激励人才不断优化工作，提高效率。

任务评价

完成该任务后，请同学们按表 6-3 所示的内容如实填写任务实施情况。

表 6-3　任务评价

序号	评分内容	分值	自评得分
1	能够制定合理的社群规则	20 分	
2	掌握发布社群规则的方法	20 分	
3	了解社群管理团队的构成	20 分	
4	能够招募社群管理团队成员	20 分	
5	掌握设置微信群管理员的方法	20 分	

问题与总结：

合计：＿＿＿＿＿＿＿＿

拓展任务

请同学们以 3 人为一组，完成以下任务。

（1）为某读书社群设置社群规则，包括加群规则、名称规则、交流规则、激励规则和淘汰规则。

（2）确定该读书社群管理团队需要哪些成员，以及各成员具体负责的工作。

（3）派代表发言，陈述自己小组设置的社群规则和社群管理团队成员及其工作，并解释原因。

任务三　开展社群营销活动

任务描述

社群成立一段时间后，逐渐朝着更好的方向发展。小艾认为应该开展线上和线下的社群营销活动，以实现两个方面的目的：一是为天心食品做营销宣传；二是让社群成员感受到社群的价值，从而提高社群成员的活跃度并增强社群的凝聚力。天心食品表示愿意提供资金、奖品方面的支持，但要求小艾做好活动准备，并提交活动的相关总结、照片等资料。

任务实施

活动一 开展线上营销活动

线上营销活动的形式较灵活，不需要实际的场地，身处不同地域的社群成员都可以参与。因此，小艾首先开展的是线上营销活动，并在活动中植入了天心食品的营销信息。

第一步 了解线上营销活动的种类

对于社群而言，线上营销活动可以突破地域和时间的限制，成本相对较低，种类较多，包括社群交流、社群分享、有奖征集和社群打卡等。

- **社群交流**。社群交流指挑选一个有价值的话题，发动社群成员共同参与讨论。这个话题一般不能太大、太沉重，要便于讨论、能引发多数社群成员的兴趣。例如，美食群就可以围绕各地美食、美食制作开展讨论，还可以结合近期热点，如临近中秋节，就可以讨论各地中秋节都会吃什么。

经验之谈

开展社群交流活动最怕偏题和冷场，因此社群管理者有必要提前指定一些讨论主力成员，在讨论中起到引导其他社群成员讨论、回答其他社群成员的问题和避免冷场的作用。

- **社群分享**。社群分享是指面向社群成员分享一些知识、心得、体会、感悟等，通常具有一定的价值，如实用价值、指导价值等。分享者既可以是社群外的人员（通常具有一定的专业性或知名度），如某行业资深人士等，也可以是社群内具有一定能力或资质的成员。

- **有奖征集**。有奖征集是指设置相应奖品，发动社群成员集思广益，对社群Logo、口号、活动形式等进行设计。如果社群采用了某位成员的创意或建议，这不仅可以增强该成员的荣誉感，还能调动其他成员的积极性，吸引成员参与社群活动，从而增强社群的凝聚力。

- **社群打卡**。社群打卡是指为了使成员养成某种习惯而采用的类似于考勤、签到的形式，能有效提高社群成员的活跃度。社群管理员应定期统计、管理和监督社群打卡情况，并通过消息或通知发布打卡情况。常见的打卡形式包括早起打卡、运动打卡、阅读打卡等。

小艾和其他社群管理团队成员考虑后认为，目前社群刚刚成立，需要为成员提供有价值的内容，吸引成员持续关注社群，因此决定开展一场社群分享活动。

第二步 开展社群分享活动

为了做好分享活动，小艾和其他社群管理团队成员在活动前做好了充分的准备，在活动中做好了暖场、开场介绍、维持秩序等工作，植入了天心食品的营销信息，并在活动后进行了总结。整场活动的具体流程如下。

1. 活动前

活动前需要做好充分的准备，首先要确定分享主题和形式，然后通过群投票确定活动时间，最后发布活动通知。

（1）确定分享主题。小艾考虑到，天心食品推出了很多快捷食品，如坚果藕粉等，这些食品都可以作为早餐。而早餐又与营养、健康等话题息息相关，并受到普遍关注，能吸引成员参与并分享活动信息。因此，她决定邀请营养学专家在社群中开展一场关于"早餐怎么吃才健康"的主题分享活动。

（2）确定分享形式。嘉宾通过发布语音信息的形式进行分享（语音信息不宜过长或过短，每条30秒～1分钟较合适）。首先由分享嘉宾进行主题分享，时长约40分钟，然后进入互动环节，由社群成员向嘉宾提问，时长约20分钟。

（3）确定活动时间。小艾在微信群中发起了群投票，提供了几个备选的时间让成员投票，以选出一个较多成员认可的时间作为活动时间，具体操作如下。

步骤 01 在微信主界面上方点击 🔍 按钮，在打开界面的搜索框中输入"腾讯投票"，点击"搜一搜 腾讯投票"选项，如

微课视频

通过群投票确定
活动时间

图6-18所示。

步骤 02 在打开的搜索结果界面中点击"小程序"选项卡，点击"腾讯投票"选项，如图6-19所示。

步骤 03 打开"腾讯投票"小程序界面，点击 单选投票 按钮，如图6-20所示。在打开的界面中点击 登录 按钮，在打开的界面中点击 允许 按钮，表示允许腾讯投票小程序获取自己的微信昵称和头像等信息。

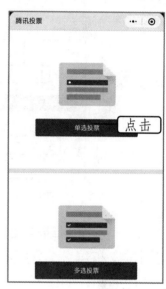

图6-18 搜索"腾讯投票"　　图6-19 点击"腾讯投票"选项 图6-20 点击"单选投票"选项

步骤 04 在打开的"创建单选投票"界面中设置投票标题、补充描述、投票选项、截止日期，点击打开"限制传播"开关，点击 完成 按钮，如图6-21所示。

步骤 05 在打开的界面中将显示创建完成的投票，点击右上角的 ⬆ 按钮，如图6-22所示，在打开的界面中点击"转发"选项，在打开的"选择一个聊天"界面中选择"天心食品美食客"，在打开的界面中点击 发送 按钮，即可在社群中发起群投票。

📖 经验之谈

点击打开"限制传播"开关后，该投票将只能在某一微信群中进行，这样操作可以避免非社群成员参与投票，确保投票结果的准确性。

图6-21　创建投票

图6-22　转发投票

（4）发布活动通知。确定活动时间后，小艾通过发布群公告的形式向社群成员正式发布了活动通知，如图6-23所示，确保更多社群成员了解此活动并积极参与。

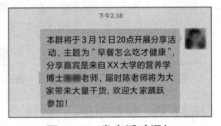

图6-23　发布活动通知

2. 活动中

为了确保活动质量，小艾及其他社群管理团队成员在活动过程中完成了以下4项工作。

（1）@所有人并发放红包暖场。在分享活动开始前5分钟，小艾首先在社群中@所有人，提醒成员活动即将开始，然后发放了红包，以活跃气氛，并吸引成员关注。具体操作如下。

微课视频

@所有人并发放
红包暖场

步骤 01 打开群聊界面，在下方的输入框中输入"@"，在打开的界面中点击"所有人"选项，如图6-24所示。返回群聊界面，继续输入文字"小伙伴们，我们的分享活动马上就要开始啦！"，然后点击 发送 按钮发送消息。

步骤 02 点击群聊界面右下角的⊕按钮，在下方的列表框中点击"红包"按钮■，在打开的"发红包"界面中设置红包个数、总金额和红包封面标题，点

击 [塞钱进红包] 按钮，如图6-25所示。

步骤03 在打开的界面中选择支付方式，输入密码，点击 [确认支付] 按钮发放红包。

图6-24　点击"所有人"选项

图6-25　设置红包

经验之谈

一般来说，在欢迎新成员入群、活跃气氛、宣布喜讯、发布广告、发表节日祝福等的时候，社群管理者都可以发红包。需要注意的是，频繁发红包不仅无法充分调动社群成员的积极性，还容易使社群沦为一个红包群。

（2）开场介绍。在社群气氛活跃起来后，小艾介绍了本次分享主题和分享嘉宾，引导成员提前做好倾听准备。同时，她还向成员说明了活动流程和规则，其中，规则主要包括在嘉宾分享期间禁止干扰，不得闲聊与主题无关的话题，如图 6-26 所示。

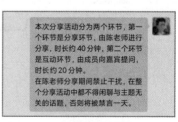

本次分享活动分为两个环节，第一个环节是分享环节，由陈老师进行分享，时长约40分钟，第二个环节是互动环节，由成员向嘉宾提问，时长约20分钟。
在陈老师分享期间禁止干扰，在整个分享活动中都不得闲聊与主题无关的话题，否则将被禁言一天。

图6-26　说明活动流程和规则

（3）维持秩序。活动中，纪律委员应及时提醒有违反活动规则行为的成员，维护好活动秩序。对于提醒后依然不改正的成员，纪律委员可以暂时将其踢出群聊（待其表示愿意遵守规则后再重新邀请他入群），具体操作如下：打开"聊天信息"界面，点击群成员列表中的 — 按钮，在打开的界面中选择需要踢出的成员，然后点击 [完成] 按钮。

（4）植入营销信息。为了取得一定的营销效果，小艾在活动中多次植入了营销信息。首先，在嘉宾分享知识之前，小艾提到本次分享活动是由天心食品赞助的；其次，在嘉宾分享后，接上嘉宾的"早餐营养"话题，向成员介绍天心食品的坚果藕粉所富含的营养成分，如图6-27所示；在互动环节开始前，承诺向积极参与互动的成员发放天心食品提供的奖品——两袋坚果藕粉。

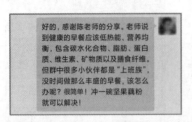
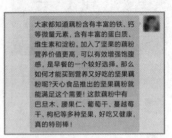

好的，感谢陈老师的分享。老师说到健康的早餐应该低热能、营养均衡，包含碳水化合物、脂肪、蛋白质、维生素、矿物质以及膳食纤维。但群中很多小伙伴都是"上班族"，没时间做那么丰盛的早餐，该怎么办呢？很简单！冲一碗坚果藕粉就可以解决！

大家都知道藕粉含有丰富的铁、钙等微量元素，含有丰富的蛋白质、维生素和淀粉。加入了坚果的藕粉营养价值更高，可以有效增强饱腹感，是早餐的一个较好选择。那么如何才能买到营养又好吃的坚果藕粉呢？天心食品推出的坚果藕粉就能满足这个需要！这款藕粉中有巴旦木、腰果仁、葡萄干、蔓越莓干、枸杞等多种坚果，好吃又健康，真的特别棒！

图6-27　介绍产品信息

3. 活动后

在分享活动结束后，小艾为在互动环节表现积极的3位成员发放了奖品——两袋天心食品的坚果藕粉，以吸引成员在下一次活动中仍能积极参与。

此外，组织委员还总结了本次分享活动，提炼了嘉宾分享及互动环节中的干货，将其制作成了文档并上传到群文件中，所有成员都可以查看。上传群文件的具体操作如下。

微课视频

上传群文件

步骤 01 打开群聊界面，点击右下角的⊕按钮，在下方的列表框区域向左滑动，点击"文件"按钮📁，如图6-28所示。

步骤 02 在打开的界面中点击左上角的下拉列表，在打开的列表中点击"收藏中的文件"选项，在打开的界面中点击需要上传的文件，然后点击 发送(1/9) 按钮。上传后的文件将显示在微信群的聊天界面中，如图6-29所示。

图6-28　点击"文件"按钮　　图6-29　上传后的文件将显示在微信群的聊天界面中

 知识窗

1. 微信群红包的种类

红包是一个十分有效的社群营销工具。微信群提供了以下4种红包。

- **拼手气红包**。红包发起人在"发红包"界面设置红包个数、总金额和红包标题等，成员随机获得不同金额的红包。
- **普通红包**。普通红包与拼手气红包类似，只是每个抢到普通红包的成员获得的金额是相同的。
- **专属红包**。专属红包是需要指定领取人的红包，如图6-30所示。其他成员不能领取该红包，因此，该红包适合单独向某一成员转账时使用。
- **直播红包**。主播在微信视频号中直播时，可以向指定微信群发放直播红包，红包发放后，该微信群成员会看到主播在直播间发放红包的提醒，如图6-31所示。

图6-30　专属红包

图6-31　直播红包

2. 营造社群打卡氛围

良好的社群打卡氛围可以鼓励社群成员坚持打卡。营造社群打卡氛围可以从5个方面入手，如图6-32所示。

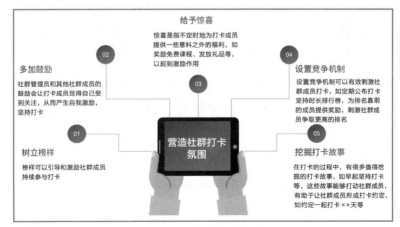

图6-32　营造打卡氛围

网络推广实务（微课版）

👤 活动二　开展线下营销活动

在开展了线上营销活动后，小艾觉得线上交流虽然轻松自由，但毕竟不能见到真人，社群成员彼此之间的关联还不够紧密。而线下活动是在真实的场景中进行的，有助于满足社群成员的社交需求，增强社群成员的参与感和归属感。因此她决定开展一场天心食品冠名的线下营销活动，为天心食品做营销宣传，同时让社群成员之间的情感联系更紧密，增强社群的凝聚力。

第一步　筹备活动

相对于线上营销活动，线下营销活动的开展更复杂。小艾做好了充分的准备:组建筹备团队，确定活动方案，准备活动物料，进行活动宣传，进行现场踩点，编制活动预算。

1. 组建筹备团队

为了筹备本次活动，小艾组建了一个规模较大的筹备团队。该筹备团队包括以下几个小组。

- **策划统筹组**。策划统筹组负责制定活动方案、把控活动方向、统筹活动安排等，其成员包括小艾（组长）和社群管理员。
- **宣传推广组**。宣传推广组负责在活动开始前设计活动海报，在微博、微信等平台发布活动信息；在活动中，悬挂宣传横幅、拍摄活动现场照片、直播整个活动；活动结束后，将活动现场照片及相关文字总结、视频等发布到微博、微信等平台上，扩大社群的影响力。该组成员有组织委员（组长）和一位志愿者。
- **对外联系组**。对外联系组负责筛选和洽谈活动场地、活动设备，邀请参加活动的成员确认活动场地和设备，接送参加活动的成员。该组成员有群助理（组长）和一位志愿者。
- **活动支持组**。活动支持组负责处理活动现场的具体事务，包括接待来宾、准备物料、管理设备、主持活动、维护现场秩序等。该组成员有纪律委员（组长）和8位志愿者。
- **财务组**。财务组负责编制活动预算，并记录活动实际支出情况，做好相关账目的登记工作。该组成员有财务人员和1位志愿者。

组建好筹备团队后，小艾召集了筹备团队开会，讨论了各项事宜，确定了各事项的完成时间节点，制作了工作推进表，让各组长可以按照时间节点推进筹备工作。

194

2. 确定活动方案

组建好筹备团队后，策划统筹组需要确定活动方案，包括活动主题、活动时间、活动流程、活动地点、活动对象、活动费用等内容。

- **活动主题。** 为了突出天心食品及美食社群的特点，小艾将活动主题确定为现场美食制作交流会，届时成员将使用天心食品提供的面粉、奶油及其他食材制作美食，并品尝自己和其他成员制作的美食。同时，为了传递正能量，树立天心食品的品牌形象，本次活动中加入了公益环节——向环卫工人发放爱心食品。

- **活动时间。** 小艾确定的活动时间为2022年4月30日，当天是周六，气温较适宜，有利于开展户外活动。

- **活动流程。** 小艾确定的活动流程如图6-33所示，该活动流程的时间安排比较宽松，给现场临时调整留有余地。

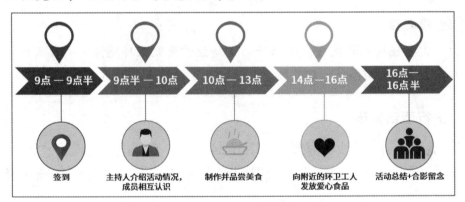

9点—9点半   签到
9点半—10点   主持人介绍活动情况，成员相互认识
10点—13点   制作并品尝美食
14点—16点   向附近的环卫工人发放爱心食品
16点—16点半   活动总结+合影留念

图6-33 活动流程

📄 经验之谈

第一次举办社群的线下活动时，活动组织者可以安排一些破冰游戏，如猜群成员昵称、分组猜歌名等，让成员能快速熟悉彼此并积极参与互动。

- **活动地点。** 由于成都是天心食品总部所在地，社群中很多成员也居住于成都，所以小艾决定将活动地点确定为成都市近郊××农家乐。该农家乐环境优雅、交通便利（地铁直达）、有较大的活动场地（200平方米的草坪），相关设备（音响、投影仪、炊具等）较完善。而且该农家乐按每人68元的标准收费，成员不需要额外交纳场地费。

经验之谈

选择活动地点时，活动组织者要考虑交通是否便利、相关设备是否完善、环境是否安静整洁，以及收费是否合理，尤其是要确保相关费用在社群成员的可承受范围内。

- **活动对象**。小艾决定邀请20位居住于成都及周边的社群成员参与此次线下活动，这些成员属于社群核心成员，平时积极参加社群活动，对天心食品的认可度也较高。

- **活动费用**。活动的所有费用由天心食品赞助。

3. 准备活动物料

本次活动需要的物料包括烘焙辅料、活动海报、活动地点指示牌、宣传横幅、小礼物（印有天心食品Logo的日历）、签到表、签到笔（大量）、爱心食品、相机、插线板、医药箱等。

经验之谈

由于需要现场制作美食，所以活动支持组需要联系场地方——农家乐准备菜板、刀具、烤箱、擀面杖、锅碗瓢盆、油、盐、糖、醋、酱油及各种食材等。

4. 进行活动宣传

宣传推广组制作了活动海报，如图6-34所示，在海报中加入了"天心食品美食客"字样，为天心食品做宣传，并在社群中发布了活动相关信息，如图6-35所示。

图6-34 活动海报

图6-35 发布活动相关信息

5. 进行现场踩点

踩点是为了在活动前了解现场，并进行现场布置。踩点时，相关人员调试了投影仪、音响等设备，测试了话筒，了解了现场区域分布，确认了场地位置、停车位的数量。在活动开始前一天，相关人员还简单布置了一下现场，悬挂了宣传横幅，并在空地上摆放了大桌、各种炊具及调料，以作为美食制作的场地。此外，相关人员还考察了附近环卫工人的工作地点和时间，为开展公益活动做好了准备。

6. 编制活动预算

本次活动需要预定和布置场地、准备物料、提供食材等，活动成本相对较高。因此，相关人员有必要做好活动预算，详细预计开展活动所需的各项费用，让合作单位天心食品事先明确活动的大致支出情况。

第二步　执行活动方案

活动当天，筹备团队严格按照之前安排的活动流程执行了活动方案，具体环节如下。

- **签到。**小艾安排了两位活动支持组人员在农家乐门口负责签到工作，签到台旁边设有粘贴了活动海报的指示牌。

> **经验之谈**
>
> 若活动即将开始时，还有来宾没有签到，负责签到的工作人员应该及时与其取得联系，了解其未到场的原因。如果来宾找不到活动场地，负责签到的工作人员应该耐心为其指明前往路线。

- **开场。**主持人介绍本次活动的主题和流程，并重点介绍本次活动的合作单位和主办方——天心食品的品牌理念、发展历程及社群的基本情况，然后安排到场来宾进行自我介绍，自我介绍内容应包括微信群中的昵称、居住城市、职业、喜好，以及与社群的渊源。

> **经验之谈**
>
> 要求来宾介绍自己在微信群中的昵称而非本名是为了让他人将其与微信群中的形象对应，减轻陌生感。

- **破冰游戏。**主持人组织来宾参与两个轻松简单的小游戏，拉近来宾之间的距离，活跃现场气氛。为了植入天心食品的营销信息，小艾设计了一个游戏，让来宾依次说出天心食品旗下的产品，5秒内答不出者将受到"惩罚"。

- **制作美食**。将来宾分为4组，每组5人，让来宾分组使用天心食品提供的面粉、奶油及其他食材制作美食，如图6-36所示。每个小组可自由安排分工，相互协作。活动支持组人员在旁边维持秩序、提供帮助，宣传推广组人员拍摄照片并在抖音直播此次活动。

- **品尝美食**。美食制作完成后，来宾和所有工作人员围坐在一起分享美食，交流刚刚美食制作的心得和趣事，增进感情。此时，宣传推广组人员需要拍摄美食成品和聚餐场面的照片。

- **参与公益**。工作人员和来宾一起前往环卫工人的工作地点发放爱心食品，如图6-37所示。

图6-36 现场制作美食　　　　图6-37 向环卫工人发放爱心食品

- **活动总结、合影留念**。来宾在指定地点集合，工作人员为来宾发放小礼品。主持人再次感谢天心食品对于本次活动的大力支持，以及来宾对"天心食品美食客"社群的支持，并邀请3位来宾谈谈今天参与活动的感受。最后所有来宾和工作人员合影留念。

第三步　总结活动

一场线下营销活动结束后，总结是必不可少的工作。通常来说，总结分为两个环节，一是召开总结会议，二是发布活动总结文案和图片。

1. 召开总结会议

小艾召集了筹备团队的所有成员开总结会，对活动完成情况、营销效果等各方面进行了总结。活动总结内容如表6-4所示。

表6-4 活动总结内容

总结角度	评价结果	启示
活动完成情况	本次活动所有来宾均到场,活动执行情况较好,基本按照预计流程完成,活动现场井然有序,未发生大的意外事件	活动前的准备工作很重要
活动氛围	各组制作的美食都很可口,来宾交谈甚欢,场面和谐热闹,来宾间的熟悉程度进一步加深	活动中,工作人员的引导发挥了重要作用。工作人员不仅介绍陌生的来宾相互认识、熟悉,还引导来宾间谈论共同感兴趣的话题——美食,让各位来宾都能参与进来
活动场地	活动场地面积较大,设备齐全,但服务人员不太热情,服务效率不高,引起了部分来宾的不满	今后选择活动场地时需要考虑服务质量这一因素
活动流程设计	根据活动执行情况来看,破冰游戏效果较好,但制作美食的时间有点紧张,多位来宾反馈送爱心食品的活动很有意义	今后设计活动流程时应合理安排时间,并多加入公益元素,传递正能量
营销效果	在活动现场,天心食品的品牌名称、Logo和产品随处可见,主持人的讲话、游戏中也多次提到天心食品,这些都增强了来宾对于天心食品的熟悉感和信任感,而且活动的宣传也增加了天心食品的曝光量。总体来说,这次活动的营销效果不错	在游戏中植入营销信息的方式十分自然,在今后的活动中可以沿用该方法
物料准备	由于缺乏经验,本次准备的食材种类相对单一,造成部分来宾要使用的食材需要临时采购,这对活动进程造成了一定的影响。其他物料则准备得较充足,并且未造成太多浪费	今后准备物料时要考虑得更加充分,并提前了解临时采购物料的最快方式
活动宣传	宣传推广组人员在社群及微信、微博等平台上发布了活动海报,还通过直播让未到场的成员和其他网友直观地感受了现场的氛围,直播的观看人数突破了1000人,取得了一定的反响	部分成员无法长时间观看直播,因此今后的活动除了通过视频直播外,还可以适当使用图文的方式直播

2. 发布活动总结文案和图片

　　线下营销活动的辐射面很小,参与人数也相对较少,因此有必要总结线下活动的开展情况并将相关内容放到线上传播,以扩大活动的影响力,吸引更多人关注社群。小艾邀请了一位参与者撰写活动总结文案。该篇活动总结文案通过丰富的图片真实地还原了活动，并使用饱含情感的语言表现了活动带给社群成员的良好情感体验。写好后，小艾委托参与者将文案发布到了社群中。

未到场的成员通过该文案感受到了"天心食品美食客"社群的实力和运营者的用心，纷纷表示赞许，并期望今后有机会参加社群的线下活动。在这样的氛围下，小艾趁热打铁，鼓励成员将这篇文案转发到自己的微博或朋友圈中，如图6-38所示，让社群外的人员了解社群，并进一步形成对天心食品的良好印象。

图6-38　将文案转发至微博

此外，组织委员还将活动图片上传到了群相册中。上传图片的具体操作如下。

微课视频

上传图片

步骤 01 在微信主界面上方点击🔍按钮，在打开界面的搜索框中输入"群相册"，点击"搜一搜　群相册"选项。

步骤 02 在打开的搜索结果界面中点击"小程序"选项卡，然后点击"群相册服务"选项。

步骤 03 在打开的小程序界面中点击 创建群相册 按钮，在打开的界面中点击 允许 按钮。打开"群相册服务"界面，点击界面底部的 分享到群 创建群相册 按钮，在打开的"选择一个聊天"界面中选择"天心食品美食客"，在打开的界面中点击打开"同时设为群代办"开关，然后点击 发送 按钮，如图6-39所示。

步骤 04 点击小程序右上角的⊙按钮关闭小程序，然后打开"天心食品美食客"群聊界面，点击刚刚发送的小程序。

步骤 05 在打开的"群相册服务"界面中点击右下角的⊕按钮，在打开的列表中点击"上传照片"选项，在打开的列表中点击"上传手机照片"选项，在打开的界面中点击选择需要上传的照片，然后点击 完成(8/9) 按钮。

步骤 06 打开"上传照片"界面，点击"选择照片集"按钮⊞，在打开的"添加到照片集"界面中点击⊞按钮，在打开的"新建照片集"界面中输入照片集名称，然后点击 确认 按钮，如图6-40所示，返回"添加到照片集"界面，点击刚刚新建的照片集。

步骤 07 返回"上传照片"界面，输入照片描述，然后点击 确认发布 按钮将照片上传到群相册中，如图6-41所示。

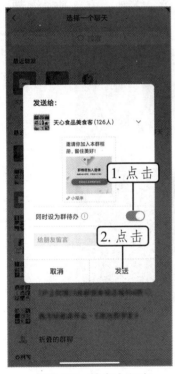

图6-39 转发小程序

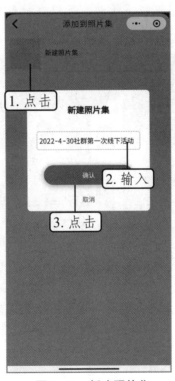

图6-40 新建照片集

图6-41 上传图片

> ✏️ **素养提升小课堂**
>
> 团队成员在线下营销活动的开展过程中通常会遇到各种困难和意外事件，因此，需要相互理解、及时沟通，秉持团队协作精神。

知识窗

1. 活动场地的选择

对于很多活动来说，场地支出是一笔不小的费用。选择活动场地时采用以下方法，有助于找到免费或收费较低的活动场地。

- 寻找公益活动场地。当前，政府和部分公益组织在城市中开辟了一些公共活动空间，如图书馆、青年活动中心（见图6-42）等，为公众提供免费的公益活动场地。社群管理者在组织活动时可以向政府或公益组织提出场地使用申请。
- 寻找新开场地。一些新开场地为了吸引人流量、提高知名度，通常比较乐意承办社群活动，并给予价格上的优惠。
- 挖掘社群资源。社群中有来自各行各业的人士，他们本身就有丰富的资源。社群管理者在组织线下活动前可以在社群中征集意见，看成员是否拥有或知晓合适的场地。

图6-42 青年活动中心

2. 植入营销信息的方式

在线下营销活动中，巧妙地植入营销信息可以给到场成员留下深刻的印象，达到不错的营销效果。一般来说，在线下营销活动中植入营销信息有以下方式。

（1）内容植入。线下营销活动中常安排有演讲、分享等环节，活动组织者可以在演讲、分享的过程中将产品信息作为案例融入，如新媒体运营社群在分享文案排版技巧时，可将135编辑器作为排版工具的一个例子进行介绍，为135编辑器开展营销。

（2）游戏植入。为了活跃气氛，线下营销活动中常安排游戏环节。活动组织者在游戏过程中也可以植入营销信息，如在猜谜游戏中将品牌名称作为谜底等。

（3）冠名植入。为了便于宣传，线下营销活动通常有一个名称，此时活动组织者就可以在活动名称中加入品牌名称，如红牛杯街舞大赛等。

💬 **任务评价**

完成该任务后，请同学们按表6-5所示的内容如实填写任务实施情况。

表6-5 任务评价

序号	评分内容	分值	自评得分
1	了解线上营销活动的种类	20分	
2	掌握开展线上营销活动的流程以及需要完成的各项工作	40分	
3	掌握开展线下营销活动的流程以及需要完成的各项工作	40分	

问题与总结：

合计：＿＿＿＿＿＿

🔧 **拓展任务**

请同学们以某健身用品企业社群营销人员的身份，为运动健身社群设计社群线上打卡活动，具体任务如下。

（1）确定打卡活动的主题，如运动打卡30天，运动种类包括跑步、球类运动、瑜伽等。

（2）确定打卡形式，如通过在社群中发布运动App截图、运动时的自拍照、运动手环的数据图等完成打卡。

（3）制定打卡规则，打卡规则需包括每日打卡截止时间、打卡活动押金金额，以及押金退还的条件、打卡成功将获得的奖励等。

网络推广实务（微课版）

项目总结

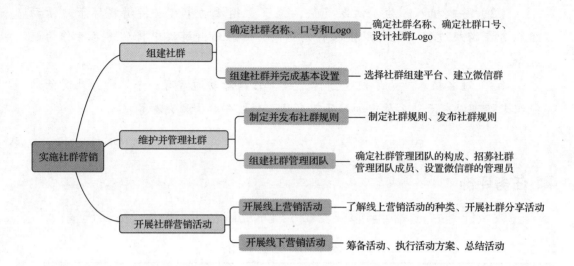